じじの
アウトドア

跡部 正明

ブックウェイ

はじめに

もう良い歳になった、人生の先はまだ見えていないが人生85歳としても残りはおおよそ15年。生まれてきた時は知らなくて当たり前だが、70近くになればある程度までは今後のことが分かる。まずは生まれてきたからには、死なねばならない。人生長生きできただけで幸せと思わなければいけない、それ以上に生きても体がついてこないので、身内に迷惑かけることになる。頃合いがきたら死ねるというものでもないし、それでも心残りはあるだろうし、まだまだやりたいこともある気がする。昨年までは人生残り1/4と思っていたが、現実は残り1/5であるらしい。それから先は恐らく意識はあっても、物を考えることは無いのではないかとも思われる。やり残したことのないようにと思って心の整理を始めたら分からないことばかり、なんで加齢は進むのか、なんで人間は寿命があるのか、これからの社会はどのように発展するのか、そして高齢者はどう生きるべきなのか。マスメディアには情報が氾濫しているが余りに多すぎて分からない。それではということで欲しい情報を収集して、自分なりに編集してみることにした。

書き始めてみると、どうしても自分がしてきたことを語り、思うことについて語り、明白な情報に基づいて語って今後の方向性にしたいと思っている。

第Ⅰ章　老後の世界

高齢者とは何かを考え、近世では哲学に分類されるが最近では死生学のテーマにもなっている高齢者の生き方について考えて

いる。続いて、健康寿命の延長、高齢者の生活環境、生活改善について思うところを書いている。文章のなかで、いろいろの統計の多くは政府広報機関から公表されているものを使用している。

第Ⅱ章　食の楽しみ

高齢者にとって楽しみは食事であり、自分で作ることの喜びについて考えてみた。続いて高齢者に向いているという減塩食、滋養食、ヘルシー食、保存食について書いている。文章のなかで、いろいろのデータは主に長年の自らの料理経験に基づくものであり、その意味では出典の多くは以下の URL としておきたい。
食の想い出：http://outdoor.kiyoe.org/cook/cook.htm

第Ⅲ章　アウトドアの楽しみ

長年のアウトドアスポーツを楽しんできた経緯に基づき、アウトドアスポーツの楽しみ方について考えてみた。テニス、スキー、パラグライダーは技術の巧みさを追求しなければならないが、それとともに仲間があってこそ楽しめるスポーツであることは共通する。登山、ダイビングは、どちらかというと達成することを喜びとするスポーツですが、とにかく安全、危険回避に努めなければならないことを痛感している。高齢者にとって仲間に参加し、幾つかのスポーツを併せ楽しむのは生きがいの一つになると思っている。

第Ⅳ章　心の世界

宗教について、仏について、祈りについて考えている。老境に

はじめに

至ると神に帰依して、頼るものを求めたいと思うものであるが、自分は無信心である。自分は先祖を崇拝し法事には参加するし、子孫を愛おしみ祭り事等の季節の行事にも参加する。ある意味では伝統的な神仏を敬う日本人の生き方には賛同しながらも心を扱う宗教についての想いを書いている。本章では統計値を使っているが、出典の多くは文化庁が編纂している宗教年鑑である。

「じじのアウトドア」は、老境に至りし者が食事を楽しみ、アウトドアスポーツを楽しみながら身体の健康の維持、心の健康の維持を考えています。加齢者諸兄の参考にしていただければ幸いと思っています。

目　次

はじめに……………………………………………………… 1

第Ⅰ章　老後の生活

老後の生活………………………………………………… 8
成長のある生活…………………………………………… 10
健康な生活………………………………………………… 13
血管年齢（アンチエイジング）………………………… 15
免疫力（健康年齢の延長）……………………………… 21
生活習慣病の予防（出典、厚生労働省ＨＰ）………… 26
生活環境の進化…………………………………………… 30
生活健康サービス………………………………………… 35
生活の改善………………………………………………… 38

第Ⅱ章　食の楽しみ

料理の楽しみ……………………………………………… 42
高血圧を防ぐ食事（減塩）……………………………… 47
滋養料理（免疫力を増す食事）………………………… 51
ヘルシー料理（健康食）………………………………… 56
保存食……………………………………………………… 61

第Ⅲ章　アウトドアの楽しみ

テニスの楽しみ…………………………………………… 66
スキーの楽しみ…………………………………………… 71
パラグライダー…………………………………………… 76

登山…………………………………………………………　82
　ダイビング……………………………………………………　89

第Ⅳ章　心の世界
　生きづらさと修行……………………………………………　94
　寺院と在家仏教………………………………………………　99
　座禅と偶像崇拝……………………………………………… 102
　観音菩薩と遍路……………………………………………… 105
　神道と社格制度……………………………………………… 110
　祈りとは……………………………………………………… 115

終わりに……………………………………………………… 119

第Ⅰ章　老後の世界

じじのアウトドア

老後の生活

我が国では、高齢者とは一般的には65歳以上の人を言うのだそうだ。国連では60歳以上を高齢者というが、一方の国連世界保健機関（WHO）では65歳以上としている。我が国の、高齢者の医療の確保に関する法律では65歳から75歳まで前期高齢者、75歳以上を後期高齢者としており、国民健康保険では70歳以上は2割が自己負担、75歳以上は1割負担になり、更に死ぬための費用負担の軽減を考えてか様々な優遇があるらしい。一般的には高齢者は過度の社会保障受益や認知機能・身体機能が低下することから社会的負担になるとされてきた。
現在、我が国の平均寿命は世界一の水準にあり、一方で出生率の低下による少子化で急速に高齢化が進み、いまや超高齢化社会を迎えようとしている。総務省が2014年9月15日「敬老の日」に取りまとめた統計では、2014年では4人に1人は高齢者であり、8人に1人は75歳以上となっている。それが20年後の2035年には3人に1人が65歳以上、5人に1人が75歳以上になると見込まれている。別の統計では、100歳以上の高齢者は2011年では4万人であったが、35年後の2050年には68万人を超えると予測されている。また2010年の統計では65歳時の平均余命は男性が18.9年、女性が23.9年となっており、まさに人生100年の長寿社会の到来が予想されている。

多くの人が100歳まで生きることが可能な長寿社会の到来は、高齢者にとっては歓迎すべきものなのか、それまで健康で、生きがいがあり、安心して暮らせるようにするにはどうすれば良

いのか、それにはどのように準備し、学習し、展望すればよいのかについて考えてみることにした。

多くの高齢者にとって将来の不安は身体機能の衰えや要介護になって個人の尊厳が損なわれ、社会ネットワークとのつながりが困難になることである。裏を返せば、高齢期を有意義に過ごすには、何よりも健康であることが必要であり、それには、若い頃から、あるいは高齢期の初期の段階から、栄養摂取の重要性を理解し、適度の運動を楽しみながら継続することを経験し、適齢期（高齢期）に向けた健康管理、健康づくりに取り組むのが良いだろう。

高齢者にとっての生きがいは、生活の質を高め、精神的なゆとりが与えられ、人生の喜びをもたらすものであるが、何が生きがいになるかは多種多様と言える。趣味や教養、就労、社会貢献、それにつながる学習も生きがいとなるだろうし、それは年齢とともに変化して行く可能性も考え、若い頃から高齢期を見据えて、学習し、能力を醸成し、社会活動に参加して生きがいの創出に準備しておくことも必要とされるだろう。しかしながら、長寿社会になれば、高齢者にとって新たな社会生活を生きることになるので、過去の経験・慣習にとらわれることなく、新たな人生を選択し、学習し、将来に希望を持つことも必要となる。

じじのアウトドア

成長のある生活

最近と言っても齢70近くになって、ようやく物心がつくと言うか、自立心が芽生えてきたようだ。若い頃は環境と言うか、周りの人々、とりわけ家族に気兼ねしてきたが、自分の能力との兼ね合い感が強い。周囲の期待以上、あるいは自分の思い通りに動いていれば他の選択肢もあったろうが、自分の思いが何なのかわからない弱い自分を見つめながら、子供まで作ってそれでも風に流されている人生だったようだ。例えば100年前の時代と言うと1914年、大正元年に生きた人が、このまま現世で生きたらどのような生活をしたろうかと思ったことがある。生身の人間であれば100年前であっても肉体的、精神的に変わりはない日本人だから、現世になじむとしても何ら違いはないはずである。では1000年前だったらどうだろうか、1014年というと平安京の時代で日本の人口はせいぜい500〜600万人ぐらいか、さして広くない国土を支配していたが争いのない穏やかな生活だったのだろうか。その人がたとえ1000年後の日本の世界に移転したとしても生物学的にはすぐなじむだろう。このように考えると人間とは共同社会であるが、調和とバランスの中で生き、生をたまわった環境の中で生活しており、またそれができる動物と言うことになる。共同社会を構築することができ、共同社会を豊かにすることを考え、それに参加し協力し貢献して、個人の力が増長され組織の力となり国民の力となってきた経緯がある。では今までの発展のスピードはどこで決まっているか、あるいはマイナスに働く可能性はあるものの、やはり人間の数だろう。してみれば地球人口が増えている状況では、可

能性としては更なる成長・発展が約束されていることになる。

1000年前の人々は今日の飛行機を移動手段とすること、自動車、通信、携帯電話を考えただろうか、考えたとしても実現する方法を考えただろうか。100年前の人は今日のインターネットによる情報取得あるいはメディアコミュニケーション、グローバル化した経済システムの連携を考えただろうか。これが一国民ではなしえなかった壮挙が、社会化・国際化することによってなしえてきているのです。一方で社会の発展のスピードはどこで決まっているのか、ギリシャが何故滅んだのか、ローマは何故滅んだのか、進展には限りがあるということを言いたいのか、あるいは発展には鍵をかけ損ねたせいと言いたいのか。

繰り返しの生活を考える時、どこに進歩があり、どうして発展があるのか疑問に思うことがある。若いときは、結果からみて成長したのだろう、社会の一員として生活し、糧を得て来たことは共同社会の中にあっても貢献してきたことにはなるが、貢献の寄与度合いについて云々するつもりはない。糧を得て来たことが社会の進展の一助になり、共同社会が成り立ち、方向性として生活が変わってきたことが協同社会である。社会に溶け込めない人もいるだろう、反発する人もいるだろう、貢献度の大きい人もいるだろう、それらが交ざり合って自己を形成してきた結果が社会かなと思う。それは若年層の考えであり、年をへて退職し収入が年金だけになり、明日の希望が制限される年代になると、生き方としては社会の中に生きているとは言えな

いかもしれない。それでも生きると言うことは死にたくない、まだまだやり残したことがあるが人生には制限があると思っているのか。自己のエゴで生きるのか、いや社会と個人は別で、いままで社会で生きて来たので、その恩恵で生き伸ばして貰ってもいいだろうと思うのか。

動物の世界は明らかに違う、食料を自分で獲得できなければ野垂れ死にする、あるいは天敵に襲われ死亡する、体力が弱れば衰弱死することもあるだろう。いずれにせよ共同生活からはずれれば、個人の生活がなりたたず、いずれは死に至る。そこには個人の選択はなく、やがて来るものとみなされている。『楢山節考』という小説がある。適齢期になると、食料生産の少ない地域の掟で、老人は口数を減らすため山に捨てられる。掟だから従わざるを得ない、これは個人の選択ではなく家族の選択であり、掟であった。掟であるから公平にということで、本人の能力に関わらず適齢期になると山に捨てられる、はっきり言って殺される、しかも肉親が執行する。これは小説ですが、人間と動物がどう違うかを考えさせられる。

現代では食糧事情が改善され、村の掟は、国の指導で無くなり、あるいはグローバルな視点で援助がされて皆無になっている。しかし適齢期になった高齢者が社会の中で生きているかと言うと、状況は昔と変わっていない。社会から個人に援助、年金、介護保険、etcと色々あるだろうが生かされている事は変わっていない。されど当事者としては、さてどうしたら良いかと言うと良き思案はない。

第Ⅰ章　老後の世界

健康な生活

いろいろ思うに年をとり、余生も少なくなってくると社会生活がままならない。それを無理に個人の尊厳を認めるのが矛盾であるような気がする。自分が古希に近くなり、云々できる立場でもないが、健康寿命との関係も考えておきたい。

歳をとったという意識はない。実は定年になり、更に第2の定年になり、第3の職場でも仕事がこなくなると、環境が老化を教えてくれているのが分かる。だからと言って個人差はあるのだろうが肉体的老化、健康的老化、精神的老化とは同期しないものだと思っている。そうは言っても世間では高齢者に分類されて、介護保険には入らざるを得ないし、最近は習慣生活病の健診が来るようになり、更にアルツハイマー病の問診、高齢者用の自動車運転適性試験を受けるようになってくると、実態としての深刻さを意識せざるを得ない。

かと言って、最近は体調もいいし、健康にも気を付けているせいか、自由になった生活時間を持て余すようなことはない。でも、何となくではあるが歩く速度は遅くなり、手先は不器用になり物を落としやすくなり、意識的にこだわることが増えてきているような気がしている。老化の兆候は明らかに見えてきており、だからと言って放置しているつもりはない。

肉体的に衰えて来ているのなら、適当なストレッチ、スポーツ、仲間との競合が良いだろうし、筋肉を鍛える習慣をつけるようにするのが良いだろう。精神的には若い頃、現役の頃の意識が空いて来ているので補わざるを得ない。それが目標であり、達

成感であり、仲間からの刺激を素直に受けることではないかと思う。体を動かす習慣をつけて、環境との協調を図って生活習慣病を克服することを考えている。
生活習慣病とは良い呼び方を考えたものだ、要するに長年人間生活を営んできた者は、色々の環境要因で老化が進んできているので、それを意識して身体の健康を維持してくださいということらしい。老化とは言わずに生活の環境要因がありと言い、不健康とは言わずに生活の習慣に何らかの不備があると言っている。現代社会の物事の扱い方が進歩している事の一環なのかも知れない。

人生これから何があるかは分からないが、60歳で会社を定年退職したのは良かったと思っている。いままで慣れ親しんだ会社での生活は、通勤があり、やらねばならないことがあり、仲間とのコラボレーションがあり、いくらかの余暇があり、何といっても体になじんだ生活であった。それが環境が変わり、時間の使い方が変わり、やりたいことができるようになり、社会での存在感が変わったのが第二の人生であり、尊厳の復活であったのかもしれない。第2の人生では、社会の中での共同生活を継続するものの、強いられる環境がなくなったので、以前より個性的な生活が始まったように思っている。第二の人生を始めるに当たって考えたことは、目的を持つこと、それは長生きし、いい想いというものを経験したいということでした。まだ第二の人生の始まりの頃であると思い、余命があと何年あるかを思い、何をやり残しているか（何がやりたいのか。）を考え、それには準備と計画と実践がいると奮い立っている。

第Ⅰ章　老後の世界

血管年齢（アンチエイジング）

インターネットのサイトで血管年齢をチェックしてみました。医学的サービスではないそうですが、「血管年齢はマイナス20歳以上！と思わせるほど、健康的な毎日を送っているようですね。本当に素晴らしいことです。」との回答でした。更にコメントがついていて血管というものは、すべての病気に関係していると言っても過言ではないほど、とてもとても大切なものです。血管は若いうちは柔らかくて弾力性があり、元気に活動しているのですが、年齢とともに血管壁が厚くなり、弾力性に乏しくなり、硬く、もろくなってきます。これが動脈硬化や高脂血症などで、さらに血管壁は硬くなり、血管の内側にはコレステロールや中性脂肪がベットリ付いて血管内部がどんどん細くなってしまいます。そして血液が流れにくくなって、ついには詰まってしまうわけですね…。あなたの血管はまだまだ若く、今の生活習慣もとても健康によいようです。ぜひとも、今の生活習慣をキープし、血管年齢もずっと若いままキープして行ってください。そして、その健康生活を他の人にも伝えてあげてくださいね。

そこで、血管年齢について調べてみた。

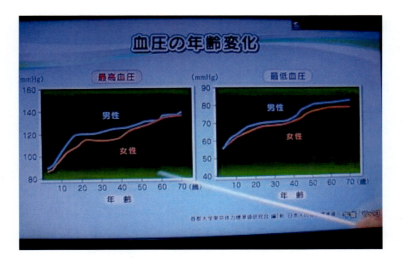

放送大学の「健康と運動」の資料によると、血圧は20代の若い頃と70代の加齢が進んだ頃と比べると15〜20%は高くなっているようです。血管はエージングの影響を受けやすく、老化は動脈硬化として現れるようであり、予防するには、血中の活性酸素の発生を抑え、これを消去する対策が必要なようです。

人間は呼吸によって一日に500リットル以上の酸素を体内に取り込んでおり、その酸素を使って食事で摂取した栄養素を燃やしてエネルギーを作りだしています。この過程で取り入れた酸素の約20%が強い酸性をもつ活性酸素に変わるといわれています。活性酸素は1日に細胞当たり約10億個も発生しているらしいが、これに対して生体の活性酸素消去能力が（抗酸化）が働くようである。
Wikipediaなどによると活性酸素（ROS:Reactive Oxygen

Species）は、大気中に含まれる酸素分子がより反応性の高い化合物に変化したものの総称であり、酸素分子が不対電子を捕獲することにより、スーパーオキシド、ヒドロキシルラジカル、過酸化水素の順に発生する。スーパーオキシドとヒドロキシルラジカルは細胞を障害する力が強くフリーラジカルと呼ばれています。フリーラジカルは化学的に不安定な反応し易い分子であり細胞構成成分と化学反応を起こす有害性が指摘されている。酸化反応が生体内で亢進した状況を酸化ストレスといい、遺伝子が酸化ストレスを受けるとガンになると言われている。長い間には酸化ストレスが蓄積され老化、がん、動脈硬化などの原因になっている。

しかし細胞には酸化ストレスに対抗する手段を持っており酸化され役立たなくなった蛋白質を分解する酵素、酸化や紫外線で変化した遺伝子を修復する酵素などがある。体内で発生した活性酸素を消滅させるために働く酵素がSOD（スーパーオキサイドディスターゼ）であり、SODの活性を高めることが老化防止にも効果的であると言われています。この他にもビタミンC、ビタミンE、カテキン、カロチノイド、アントシアニン等も抗酸化物質として効果があると報告されている。

それでは、活性酸素の発生を抑え、抗酸化酵素を活性化させるための血管のアンチエージングについて調べてみた。
動脈は加齢とともに、血管の壁が厚くなり伸縮性や柔軟性が失われます。これが動脈硬化です。動脈は心臓の収縮により、血管が圧力を受けやすい状況にあり、その結果、血管壁が傷つくことで、そこにコレストロールなどがたまりやすくなります。

コレストロールは脂肪成分であり、LDL（低比重リポタンパク）は食物から取り入れられたり肝臓で合成されて血液には溶けず、血液で運ばれて血管壁から吸収され体内の細胞膜やホルモンの材料となる。ところが血液中のLDLが増えすぎると血管壁の傷ついたところに付着して結果的に血管が細くなる。一方で、HDL（高比重リポタンパク）は血管に付着したLDLを取り去って肝臓に運ぶ役割をするので体内に多い方が良いのだが血液中の中性脂肪（トリグリセライドともいい、3つの脂肪酸とグリセロールが結び付いたもの。）が多いとHDLを減らしてしまう。これらを高脂血症といい血液中の中性脂肪やLDLが増えすぎた状態が動脈硬化の原因になる。健康診断などで中性脂肪の基準≦150mg/dlをクリアしていても食後高脂血漿として食後に中性脂肪が増える症状もあるらしい。リポたんぱくリパーゼは中性脂肪を分解して脂肪酸にする体内で作成される酵素ですが、内臓脂肪が多いと脂肪酸の吸収が阻害され、リパーゼも減少し、結果的に分解されないで残った中性脂肪が血管壁に付着して動脈硬化になることもある。この場合の原因は内臓脂肪の増加にある。

動脈硬化を防ぐには血液中の余分なLDLを減らし、余分な中性脂肪を減らさなければならない。
LDLを増やす食品としては肉中心の食事を減らすことと、甘味を取得する時であっても果糖を減らした方が良いらしい。果糖はブドウ糖の2倍以上の甘みが強く肝臓内で中性脂肪を作る効果があり、食欲を増進させる作用もあるようだ。
内臓脂肪を減らすのは高血圧による動脈硬化の予防に必要であ

るが、食事のカロリー管理、運動によるカロリーの消化が効果的である。運動には筋肉トレーニングもあるが、内臓脂肪を減らすと筋肉トレーニングの効果が顕著になり、筋肉が増えるとリパーゼも増える相乗効果があるようです。

老眼についてのアンチエイジング

どうも老眼が進んでいるようだ。どんな状況かというと幾つかある。
・夕方になると昼間見えていたものが見えにくくなる。
・近くを見ようとすると、目が疲れるので、眼鏡をはずしてみる。
・薄暗い所でものが見えにくい。
・細かい数字や文字にピントが合わず、間違えやすい。
・急に遠くを見たときに、毛様筋肉が急に反応できず霞んで見える。

これら症状がピッタリ当てはまるので、加齢とともに老眼が進行しているようだ。幸い眼精疲労はあまり感じないが、疲れ目はよくないようだ。乱視が強すぎるので、眼鏡を変える訳にはいかないので、目薬を使うことと、もう少し見やすくならないか、眼鏡を工夫してみたがあまり効果は無い。

老眼は加齢にともない水晶体が硬くなり、目の動きが低下し、目のピントを合わせる機能が低下することから起こるようです。老化現象の一つに飛蚊症がある、目の中で蚊が飛んでいるように見え、何かしら浮遊物が見え、黒点であったり、糸くずであったりしたので、網膜剥離になる可能性もあるとのことでしたので眼科に行ったらすぐにレーザを当てて凝固してくれ

て、それからは進行していないようだ。

最近になって視力が落ち目になっているような気がすると、眼科に行ったら加齢黄斑変成が始まっているが初期ですので手術は必要ないと、目薬もくれませんでした。加齢黄斑変成とは、やはり加齢とともに網膜の下にある網膜上皮という一層の細胞に老廃物が蓄積して、それにより網膜の中心である黄斑が障害される、または黄斑の細胞そのものが萎縮したりする病気であり、徐々に視力が低下してゆく可能性がある。症状が進まないように早期の予防が必要なようです。

目のほうは黄斑変性が進んでいるようだ。暗くなると見えなくなるし、紫外線には弱いしで加齢によるもののようです。目の健康も食べ物で必要なビタミンを摂取するのが一番良いようですが、どうしても不足しがちになるようですのでサプリメント（補助食品）を飲むことにしました。目に良い栄養素としてはビタミンＡ、ビタミンＢ群、ビタミンＣ、ビタミンＥ、コラーゲン、植物性タンパク質、ルテイン（緑黄野菜に多く含まれる色素成分、カルテノイドの一種）、アントシアニン（植物に含まれる紫色の色素、ポリフェノールの一種）などがよいようだ。やはり目の病気予防にはマルチビタミンのようなサプリメントしかないようだ。

第 I 章　老後の世界

免疫力（健康年齢の延長）

古希を迎えて、そして過ぎて考えることといえば、残りの寿命はどのくらいなのか、人生計画を立てるにしても終わりをどの歳にするかと悩んでしまう。昔は人生 50 年が平均で、それは哺乳類として生まれてきて種の生存のため子育てをして、それが終わるころが寿命であった。哺乳類の寿命は心拍数が 15 億回までと決まっており、人間の場合は心臓の鼓動が 1 分間 60 回ぐらいとすると、およそ 50 年になる。それが最近は延長されてきている。生物学的にみれば、子育てとは孫の代まで面倒をみるようになり、じじ、ばばがまだ家族にとって必要とされ、それが生きがいとなっているという説もある。一方で人間の生活環境はエネルギーを有効に使うことで格段に進歩した結果、食糧の確保が容易になり、生活環境の機械化が進み、医療の発展とともに健康年齢が延長されてきている。してみると人間の老化とは体力の衰えであり、筋力の衰えで体の中に蓄えられたエネルギーが使えなくなる状況のようにも思える。

そこで人間の体力の衰えと健康年齢の延長について調べてみた。

じじのアウトドア

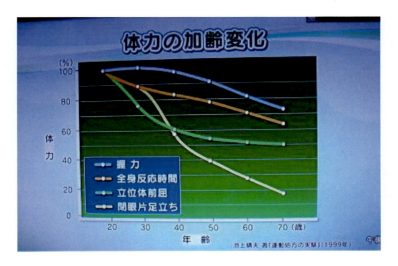

放送大学の「健康と運動」の資料によると、体力は20代の若い頃と70代の加齢が進んだ頃と比べると20〜40%は低くなっているようです。握力はそれほどの変化は大きくないが、歩行能力が大きく落ちてきます。足腰の筋肉の衰えは、体温の低下にも、免疫力の低下にも影響するようですので、継続的な筋力トレーニングにより体力を維持することが必要なようです。

加齢にともなって、筋力、全身持久力、柔軟性といった体力全体が低下してくる。下肢の筋力の指標である垂直跳びや脚筋力は20歳をピークにして10年ごとに10%ずつ減ってゆく。全身持続力の指標である最大酸素摂取量も10年ごとに10%ずつ減ってゆく。従って70歳では下肢筋力と全身持続力は20歳の時の約半分になってしまう。柔軟性は20〜30歳代で急速に低下し、中・高年期にはあまり減少しないが、同様に70歳代で

は半分ほどになってしまう。これらの加齢に伴う体力の低下の最大の要因は筋量の低下と考えられている。加齢にともない筋萎縮がみられるが、腕では歳を取ってもそれほどでもないが、下肢筋量が著しく萎縮し、特に太腿部筋量は70歳では20歳代の60%に減ってしまい、更に萎縮がすすみ40%代になると歩行が困難になるとされている。また、寝たきりの身体不活動の生活では2日で1%太腿部筋量の萎縮が見られるという。

高齢者にとって筋量の維持は必須になるが、これまでの研究結果によると、日常生活における筋活動量はほとんどが最大筋力の5%以下の強度であり、歩行動作等においても下肢筋群は30%の未満の筋活動量しかないことが確かめられている。従い、下肢の筋にトレーニング効果がでるのは通常歩行以上の強度（最大筋力の30%以上）を満たす運動を日常生活に組み込む必要がある。歳をとっても適切な筋力トレーニングをすれば運動機能の低下は避けられることになる。筋力トレーニングと同様に効果があるのはウォーキングのような有酸素運動であるが、インターバル速歩にすると運動強度が増して筋力向上に効果があるという。従来より、健康増進のためには1日あたり30分以上の中程度の運動をほぼ毎日行うことを推奨されている。また運動強度が強いほど健康年齢の延長に効果があるとされている。例えば、中程度の身体活動を週5日、あるいは高強度の運動を週3日行うことが推奨されており、あるいは中程度の身体活動を週2日と高強度の運動を週2日を組み合わせても良いとされている。いずれであっても継続して、ほぼ毎日筋力トレーニングをすることが高齢者の筋量維持に必須なことであり、犬

の散歩のようなまったりとした身体活動はこれに当たらず、また若い頃に鍛えたアスリートであっても高齢期には筋量の蓄積はなくなっているので、継続した筋力トレーニングが必要になる。

筋繊維の増加を伴う筋力の増加は免疫力の向上に役立つと最近の研究結果によると報告されている。病気になると発熱するが、筋肉が発熱することにより免疫細胞であるリンパ球が活性化された状態のようである。同様に筋肉質であり筋繊維が多い状態ですと、体の組織の求めに応じて蛋白質構成アミノ酸のひとつであるグルタミンを出して免疫細胞のリンパ球を活性化させると言われている。これは感染症を発症しかけているとか生活習慣病の予防が必要な時の免疫力の増進に役立つという。このことは高齢で筋肉が萎縮した人は、病気になっても発熱しないこともあり得るし、逆に病後のリハビリとして、寝たままで過ごしたので日々に萎縮した太腿筋力を過負荷のあるトレーニングにより免疫力を回復させることが効果的であるとされている。筋肉は命の源とされる体の組織であるが、放置しておくと日毎に萎縮してゆくものであり、高齢化によりどうしても身体活動が少なくなる。それが足腰の衰えになり、歩行速度も遅くなるので、そのようなことのないようにするには継続した筋力トレーニングが必要になる。

自転車こぎが良いそうだ
年を重ねると、転びやすくなる。これには大腿部や腰周辺の筋肉の鍛錬が欠かせない。膝を高く持ち上げる腸腰筋（ちょうようきん）や小臀筋（しょうでんきん）が

衰えると転倒しやすくなるので、これらの筋肉を鍛えるためのトレーニングには登山、階段上がり、自転車こぎが良いそうだ。一方でウォーキングやジョギングでは、これらの筋肉のトレーニングには繋がらないようだ。

じじのアウトドア

生活習慣病の予防（出典、厚生労働省 HP）

生活習慣病は、今や健康長寿の最大の阻害要因となるだけでなく、国民医療費にも大きな影響を与えています。その多くは、不健全な生活の積み重ねによって内臓脂肪型肥満となり、これが原因となって引き起こされるものですが、これは個人が日常生活の中での適度な運動、バランスの取れた食生活、禁煙を実践することによって予防することができるものです。

健康づくりのための身体活動基準 2013

ライフステージに応じた健康づくりのための身体活動（生活活動・運動）を推進することで健康日本 21（第二次）の推進に資するよう、「健康づくりのための運動基準 2006」を改定し、「健康づくりのための身体活動基準 2013」を策定した。

・健康結果が基準範囲内で 65 歳以上の身体活動（生活活動・運動）※ 1
　強度を問わず、身体活動を毎日 40 分（=10 メッツ・時 / 週）
・世代共通の運動の方向性（運動習慣も持つようにする。）※ 2
　30 分以上の運動を週 2 日以上（=4 メッツ・時 / 週以上）

※ 1、65 歳以上の身体活動（生活活動・運動）の基準
強度を問わず、身体活動を 10 メッツ・時 / 週行う。具体的には、横になったままや座ったままにならなければどんな動きでもよいので、身体活動を毎日 40 分行う。
【科学的根拠】65 歳以上を対象とし、システマティックレビュー

で採択された 4 論文について、3 メッツ未満も含めた身体活動量と生活習慣病等及び生活機能低下のリスク低減との関係をメタ解析した結果によると、身体活動が 10 メッツ・時／週の群では、最も身体活動量の少ない群と比較して、リスクが 21% 低かった。

※2、全年齢層における運動の考え方

運動習慣を持つようにする。具体的には、30 分以上の運動を週 2 日以上行う。

【科学的根拠】 体力（全身持久力や筋力等）の向上や運動器の機能向上のためには、4 メッツ・時／週に相当する 1 回あたり 30 分以上、週 2 日以上の運動が最低限必要であることが、過去の複数のレビューで示されている。

※3、メッツ・時とは、運動強度の指数であるメッツに運動時間を乗じたものである。メッツ（MET：metabolic equivalent）とは、身体活動におけるエネルギー消費量を座位安静時代謝量（酸素摂取量で約 3.5 ml/kg/ 分に相当）で除したものである。酸素 1.0 リットルの消費を約 5.0kcal のエネルギー消費と換算すると、1.0 メッツ・時は体重 70kg の場合は 70kcal、60kg の場合は 60kcal となる。このように標準的な体格の場合、1.0 メッツ・時は体重とほぼ同じエネルギー消費量となるため、メッツ・時が身体活動量を定量化する場合によく用いられる。旧基準及び旧指針では、kcal で表したエネルギー消費量を算出するために、メッツ・時と体重（kg）と 1.05 の係数の積を用いていたが、アメリカスポーツ医学会を中心に、近年では計算の煩雑さを無くすために 1.05 の係数を用いないで算出して良いとされている。

生活活動のメッツ例：平地歩行：3.5、やや速歩：4.3
運動メッツ例：卓球・パワーヨガ・ラジオ体操第1：4.0、テニス・水中歩行：4.5、軽登山6.5、ジョギング：7.0

生活習慣病に対する身体活動の有益性

不適切な食生活や身体活動不足等によって内臓脂肪が蓄積し、糖尿病、高血圧、脂質異常症等の複数の生活習慣病を合併すると、全身の血管の動脈硬化が徐々に進展し、重症化した結果として脳梗塞、心筋梗塞、透析を要する腎症等に至るリスクが高まることが指摘されている。このような状態をメタボリックシンドロームといい、生活習慣病の発症予防・重症化予防の観点から、地域や職域における健診・保健指導を含めた保健事業において重視する必要がある。

身体活動量の増加や習慣的な有酸素性運動により、エネルギー消費量が増加し、内臓脂肪と皮下脂肪がエネルギー源として利用され、腹囲や体重が減少する。また、身体活動は、骨格筋のインスリン抵抗性を改善し、血糖値を低下させる。また、血管内皮機能、血流調節、動脈伸展性等を改善し、降圧効果が得られる。さらに、骨格筋のリポプロテインリパーゼ（LPL）活性が増大し、トリグリセリド（血中カイロミクロン、VLDL及びそれらのレムナントに多く含まれる）の分解を促進することによって、HDLコレステロールが増加する。

一方、肥満の有無を問わず、骨格筋量が減少することは、耐糖能異常や糖尿病に進展するリスクを高める。したがって、非肥満者についても、骨格筋を強化し筋量を増加させる筋力トレーニングによって、このリスクを低減できる可能性がある。

その他、身体活動の増加によって、虚血性心疾患、脳梗塞、悪性新生物（乳がんや大腸がん等）のリスクを低減できる可能性が示されており、これらの疾病予防のためには、適切な身体活動を継続することが望ましい。

参考：メタボリックシンドロームとは

今日の肥満者の増加は、言うまでもなく過食と運動不足が原因とされています。食生活や飲酒・喫煙などの生活習慣（ライフスタイル）と密接に関係しています。糖尿病や高血圧症など40〜60歳代で発症して、死亡率が高くなっていくので成人病と言われていた疾患は、現在では生活習慣病と言われており、生活経験の長い、加齢を積み重ねた老人がいずれは発症する疾患のようです。

メタボリックシドロームとは糖尿病や高血圧症、脂質異常症などの代謝性疾患そのものを指すのではなく内臓脂肪型肥満に加え、高血糖、高血圧、血中脂質異常などを呈し、将来において脳血管疾患や心疾患に罹患する確率が高くなる状態を示す疾患概念です。

じじのアウトドア

生活環境の進化

日本の年金制度では、高齢化の進展に伴いこれからは60歳以下の若い世代が3人で、高齢者1人を養うために年金を積み立てて行くことになる。1/2を国が税金で補助する体制になっているとはいえ、若年層の負担は確実に増えてきている。健康保険、介護保険についても若年層が割高の負担を強いられ、高齢者のための介護、医療補助する社会になろうとしている。国民皆健康保険制度とは若い世代には負担が多いが、高齢者は手厚く保護されている。医療制度は高齢者の立場からすれば、こうであっても良いと思っているが、年金制度、高齢者の生活保護については多くの異論が有るようだ。

高齢化社会の進展に伴い、深刻な労働力不足に直面している。それを補うのは女性の活用（Can women save Japan）で有り、子育ての有る世代のサポートであり、子育ての終わった女性の社会復帰である。これら女性の生活環境をサポートする規制の緩和、子育て環境の整備、社会の法性整備（税制の改善）で有るかと思われる。とくにキャリアのある女性の社会での活用が日本の労働力低下を軽減するのではないかと思われ、単に派遣・バイトでの採用を意味するものではない。

人口減少（地方創生）

人口減少と東京集中を解くために地方創生が設定されている。日本の2013年の人口は1億2730万人であるが、このままだと2050年頃には1億人を割り込み、2060年には3割減の8600万人になるだろうとされている。政策により、2060年後であっ

ても1億人を維持しようとしている。東京集中については、地方から東京への人口移動を指摘するのでなく特殊出生率が東京が1.13であり全国平均の1.43に比べ少子化に拍車をかけている。また東京は高齢化が進んでおり2025年には75歳以上の高齢者が200万になり、2060年には人口が300万に減少すると言われている。

少子化対策と東京集中是正と連動させ地方創生を考えるが、画一策では通用しない。地方創生本部の方針としては

①若い世代の就労・結婚・子育ての希望の実現
②東京一極集中の歯止め
③地域課題の解決

の基本方針を決定している。地域活性化を後押しするため、地方で起業する個人事業者を対象に税制面などでの優遇策を検討していると明らかにした。「地方で新しい事業を始めたい人を応援する仕組みをつくらなければならない」とも言っている。地方への人口流入促進に向け国や自治体が連携し、対応することが必要だとの認識を示されている。

医療の改善(予備診療)

厚生労働省は2008年からメタボリックシンドロームの予防・改善を目的とする検診制度を導入している。肥満度の基準BMI（body mass index）、キログラムで表した体重をメートルで表した身長の2乗で割った指数（単位：kg/m^2）。BMIが22の場合が各種疾患有病率や死亡率が最低となることが知られてきたため標準体重とされ、18.5〜25.0が普通体重とされている。

メタボリックシンドロームの診断基準

内臓脂肪蓄積：ウェスト周囲長が、男性85cm、女性90cm以上（内臓脂肪面積100立法センチ以上に相当）に加え、以下のうち2項目

(ア) 血清脂質異常、中性脂肪（トリグリセリド）150以上またはHDL40未満
(イ) 血圧高値、130以上または85以下
(ウ) 高血糖、空腹時血糖値110以上

診断の結果、メタボとされた場合は動脈硬化性疾患等の成人病が起こりうる度合いが高いので、減食を含む生活習慣の何らかの改善が求められる。

メンタルヘルス（精神病予防）

精神面の健康のことをメンタルヘルスと言う。精神的健康、心の健康、精神保健、精神衛生などとも称され、精神的疲労、ストレス、悩みの軽減、それらのサポート、あるいは精神保健医療の精神疾患の予防と回復をも意味する。精神疾患は大きな社会負担をもたらし、OECDは精神的健康にかかわる直接的・間接的費用はGDPの4%以上と推定している。

個人において、精神的な健康を維持し増幅するためには、身体における生活習慣病の予防策と同じであり、食事や運動、ストレス管理で対処が可能である。食事もビタミンB群、$\omega 3$脂肪酸に富んだ食事は認知機能を高める。運動は鬱病の治療・予防の効果がある。

呼吸法によるリラクゼーションは、怒りの管理に効果があり、睡眠、笑うことも自律神経のバランスを整える。また否定的な

相手とは適切な距離を保つことは、心理学的にアサーションと呼ばれ、それが不可能な時は肯定的な人との接触を増やすことでストレス解消となる。

ICTの活用（スマホとクラウド）

1995年頃からであるがパソコンを長らく使っている。当時はNECに在籍していたので、社会で販売しているだけでなく、社内でも社員が有効に使って業務の効率化を図るべしと指導され、e-mailと文書作成（word）から始めた想いがある。それから約20年近くたった今日では、既にNECはパソコンから撤退しているが、業務用にはパソコンがないと成り立たないネットワーク社会になっている。一方で、個人用には携帯用インターネット通信：スマートフォン、スマホが活用されている。スマホの仕組みを調べているが、なかなか全容がつかめない。androidOSではアプリ（AP、アプリケーションソフト）を個人が任意でインストールして、それに通信機能が備わっており、演算はクラウドサーバで行われている。パソコンに備わったAPでは内部メモリーだけで演算するものであり、外部のサーバーと通信機能を備えるようになったのは最近のような気がしている。それがスマホでは、OSには多くの機能をもたせずアプリに通信と演算をもたせている、従ってスマホを使い勝手が良いようにしたければアプリを検索し、望みのものを探したらインストールすればよい。最近になってアプリをドンドン追加しているので内部ストレージが一杯になり、取り敢えず不要なものを消去しながら使っている。アプリは無料のものでも多くの機能が備わっており通信機能、クラウド機能があるので、マ

ルチタスクで、バックで通信しながらデータを取得して演算できるのでとても便利である。さらにクラウドメモリーの使い方としてネットワークでパソコンやスマホ等の端末との情報が共有できるようになっているので、正確な使い方を理解しておく必要がある。

第Ⅰ章　老後の世界

生活健康サービス

大半の人は最後まで元気で過ごし、感染症などで入院して一週間程度で亡くなっているようです。しかし高齢化で体が退化してきますので尿もれ対策は必要なようです。大人用の紙パンツを調べてみたら化粧品会社などが色々な製品を出しています。漏れず、匂わず、汚れずが達成されているようです。汚れた紙おむつは一般ごみとして捨てる事ができるようです。高齢化で体の自由がなくなり自律した生活ができなくなったらケア付き老人ホームへの入居を考えた方が良いようです。しかし入居すると一般社会との交流が少ないという気がします。世話のし過ぎも老人の自立性を却って損ねているようです。

内閣府の 2010 年の調査によれば、65 歳以上の高齢者の半数近くが何らかの自覚症状を訴えているが、日常生活に影響ある人は 5 分の 1 程度（詳しくは日常生活動作 10%、外出困難 9%、仕事・家事が困難 8%、運動が困難 6.5% となっているが、重複した困難者もいるので約 21% が不具合があることになる。）のようです。日常生活で制限のない期間（健康寿命）は、2010 年で男が 70.4、女が 73.6 となっており、平均寿命の男 79.5、女 86.3 に比べて低いものの伸びる傾向にある。また 65 歳以上の受療率（高齢者 10 万人当たりの推定患者数の割合）は 23 年で入院が 3.1%、外来が 11.4% であり、近年は減少傾向にあるようです。
厚生労働省の統計によると、年間の死亡者は昭和後期から増加傾向にあり、平成初期には 80 万人台であったものが平成 23 年

には120万人台になっており、そのうち75歳以上の高齢者の死亡が2/3を占めるようになっている。死因は悪性新生物（癌）より心疾患、脳血管疾患、肺炎の占める割合が年齢とともに増加して90歳台では肺炎、100歳台では老衰が多くなっている。在宅見守りサービスは自宅の電話機に接続された端末の「緊急」ボタンを押すとcall centerと話ができ必要に応じて救急車の手配をしたり提携している警備会社警備員が駆け付けてくれるサービスです。大体30分以内にはどこにでも駆け付けられる体制を整えてくれます。「相談」というボタンを押すと看護師と健康その他何でも相談ができます。一人暮らしの話し相手としての相談でも歓迎だそうです。費用は月5千円程度ですが介護保険が使えればその1/10になります。介護保険制度は超高齢化社会への準備として制定されましたがいよいよその本領を発揮しています。

活力ある高齢者の活力ある生活の鍵は世代間交流、地域社会、生涯学問にあるのではないでしょうか。世代間交流を維持・活用するには、圧倒的にネットワーク社会との融合でしょう。インターネットを介してのバーチャルな交流も良いでしょうが、高齢者には現実社会で仲間を作り、スポーツ、行楽、団欒といった交流が適しているようです。地域の生活者へのサービスを享受し生活の質を改善するには、利便性、快適性、安全性が挙げられる。「利便性」には主要施設へのアクセスビリティへの満足度、主要な公共施設までの距離、バス利用の容易さ等の寄与が大きい。「快適性」については居住環境の寄与が大きく、住宅の広さ、居住地域の周辺の治安、公園などの癒やしの場あ

るいは図書館、介護施設など、ゆとりの場の有無などを考慮する。「安全性」については、交通事故の有無、犯罪からの安全性、自然災害の発生確率等の主観的観点から評価すれば良いでしょう。生涯学習とはこれからの人生に興味と目的を持つことです。何かやってみたいと思えば、まず計画し調べることから始まります。それが生涯学習になります。

じじのアウトドア

生活の改善

高齢者が生活を楽しむには、思い切って生きがいを求めて計画的に変えてみるのも良いだろう。ここでは計画的に生活を作ることをお勧めしたい。高齢者になって、先が見えて来ても生きがいを求めるのならば何を始めても良いというものではない。生きがいには目的があることと共に達成感が無くてはならないので、個人的には先をみて、成果が出るかを見極めて、順を追ってやって行くうちに、楽しみが見えてくるものであると思っている。

健康と料理
料理を作っている時は、飲みながら、何か考えながらやっているようだ。朝の場合は、今日は何をする予定だったか、明日以降は何をしたいかなど。夜はどうやってメニューを揃えようかと、作る順番を考えたりしているうちに、酔いが深くなる。21時近くなると、夕食の片付をしたこともあり、疲れもあって寝てしまう。こうして見ると夕食作りは寝つきに良いようだ。
何を作ろうかと、あまり事前には考えないが、あまり同じものは作らないことにしている。

健康とアウトドアスポーツ
退職してから、色々のアウトドアスポーツを始めた。始めたきっかけは体が楽になり、体が動かせと要求している気がしたので、それに従っただけで未知の経験していない種目に興味が集中していた。

第Ⅰ章 老後の世界

古希も近いが努力しているので体力の衰えはあまり感じないが、視力と性欲は明らかに衰えている。感覚器官だからどうしようもないと言えばそれまでだが、寂しい気もするが、残念な気もするが、現状を受け容れるしか無かろう。

生涯学習
学生の時に何故もっと学んでおかなかったと定年後の今頃になって反省している。確か中学迄は一生懸命勉強したし、成果も上がり勉強が面白かったので頑張った記憶がある。高校、大学と進んだが、決められたカリキュラムを適当に選んで履修しただけで、目的ははっきりしなかったし、それが原因かもしれないが、勉強が立ち遅れ、またそれが原因になって「人生とは」の理解が進まずに成人してしまったような気がしている。勤めてからは、ただ一生懸命に社会のしきたりに従って生き、ただ目立たないことを考えていたような気がする。今さら生涯学習といってもおこがましい気もするが、高齢者の生活目標にはいいらしい。

「私の履歴書」作成のすすめ
そろそろ古希になるので、これからの人生を考える意味でも過去を振り返ってみたい。それを一般の方の人生と、功を遂げた方の人生と、どこが違ったかを考えてみたい。ただ言えることは、学生時代までの履歴は甲乙あれど大差がない、違いが出始めているのは社会に出てからのようだ。それが学生時代の経験、学習、社会への理解が支えになっていたかということから考察してみたい。

じじのアウトドア

そうは言っても、人生も全てを振り返ってみようとは思っていない、1時期だけの生活記録のみをまとめてみても良いと思っている。これは回顧録になるようだが、凡人ならばの回顧録であっても良いとおもっている。

第Ⅱ章　食の楽しみ

じじのアウトドア

料理の楽しみ

人はものを食べ、食欲は胃でなくて脳が調節します。日常の食物の摂取は食欲に従う。食欲は空腹のときにおこるが、これは脳の視床下部にある空腹中枢、満腹中枢でコントロールされている。血液中の血糖値が下がると、空腹を感じ、食事をとって血糖値が上昇すると満腹中枢が食欲を止める働きをする。

「おいしい」とは、味だけでなく、香りや食感などの五感が関連している。食べ物そのもの以外に、使用する食器、食べる環境、さらに対話などの精神的要因、美味しく食べる演出なども重要になる。食欲に関する五感とは、

1、味覚―甘味、酸味、塩味、苦味、うま味の５基本味、さらに辛味、渋味、えぐ味などがある。
2、嗅覚―香り（アロマ）は食物を口に入れる前に感じる。口に入れてから鼻に抜ける香りもある。フレーバー（flavor）は口に入れたとき感じる香や味、食感などの総合した感覚をいう。
3、触感―歯触り、舌触り、温感覚（熱い、ぬるい、冷たい）、間接的な感覚（食器、食卓の手触り）
4、視覚―外観（色、形、大きさ、つや、きめ）、盛り付け
5、聴覚―音（食べたときの歯切れ音、料理の音）、会話、BGM

人間は空腹でなくても食欲を感じる。一般的には、生物に必要な栄養を満たそうとする栄養要求、体の要求が食欲となる。それに環境、地域、文化、歴史などの社会的状況で醸成される嗜好が食欲に影響を与え、お茶、コーヒーとかいった風味も影響を与える。

肥満を防ぐ食事（厚生労働省HPの抜粋）

1日に必要なエネルギーとは、標準体重（kg）×標準体重1kg当たりに必要なエネルギーになります。私の場合は、平均体重63kg、軽労作（デスクワーク主な人、主婦）に必要な標準体重1kg当たりに必要なエネルギーは25〜30kcalを適用すると、1600〜1900kcalになります。これは厚生労働省の指針ですが、一般的に言われている、活動量の低い男性、高齢者、女性に必要な1日に摂取が必要なエネルギー2000〜2400kcalに比べると少ないような気がします。先に示された数字のカロリーは肥満になった時の摂取エネルギーであって、消費エネルギーより少なくなることになるので、量が少なくて不満な場合は野菜を多くし、揚げものなどの油を使うものは回数を少なくするなどで、これを守るためには食事のバランスを考えたメニューが必要なようです。

エネルギーを摂りすぎている人に良くあるのは、

1、食べる量が多すぎる。
2、間食や酒のエネルギーを計算に入れていない。

食べすぎるのは家族での食事で、普通と思って食べてしまうことが多いようです。自分に合ったエネルギー量を料理ブックで見て、注目することが肝要のようです。早食いも食べる量が多くなる要因のようです。間食・ジュース、お酒などのエネルギーを計算に入れる必要もありそうです。

和食、親子丼、うな丼、幕の内弁当は約750kcal、すし、鍋焼きうどんは約550kcal、焼き魚、刺身は約100kcalだそうです。ご飯は330kcal。

洋食、カレーライスは約1000kcal、スパゲティは約800kcal、

ビーフステーキやハンバーグセットは約700kcal、サンドイッチは約500kcal、パン（2個、60g）は190kcal。
中華、中華丼、天津丼は約800kcal、焼きそばは700kcal、ラーメンは約450kcal、マーボ豆腐は270kcal。
お酒、ビール大ジョッキは320kcal、ビール雑種350ccは150kcal、日本酒1合は185kcal、
間食,ショートケーキは250kcal、アンパンは400kcal、牛乳1合は135kcal、ジュース1合は約100kcal。

料理を楽しむには

何故5品を朝晩の食卓に用意するかと言うと、沢山作らなければ料理経験も増えないし、食材への接触も減るし、食べる人の不満を募るだろうと配慮して、食事作りは労を惜しまないこと、手間暇かければ味もよくなる……等々考えてやっています。でも基本はフランス料理、イタリア料理のコース料理がだいたい5品なのです。
フランス料理では、オードブル、スープ、魚料理（ポワソン）、肉料理（ヴィアンドラ）、チーズ、デザートの順番です。そして豚肉とニンニクは使いません。
イタリア料理では食前酒（アペリティーボ）、前菜（アンティバスト）第一皿（サラダ、パスタ、リゾット、等）、第二皿（主菜、魚料理、肉料理）、副菜（付け合わせ、サイドディッシュ、ミニサラダ）、デザート、コーヒーの順番です。

食事のバランスとは

通常の活動量の人間に必要とされる2000〜2400kcalの摂取と

第Ⅱ章　食の楽しみ

必要とされる栄養素の摂取の組み合わせが欠かせない。それが5品のメニューになっていて、多様な食品を組み合わせ、調理方法が偏らず、手作りと加工品、調理品、保存品（乾物）との組み合わせが良いようです。
主食：米、パン、麺類などの穀物で糖質エネルギーの供給源。
主菜：魚、肉、卵、大豆製品を使った副食で、中心となる料理。
　　　主として良質なたんぱく質や脂肪の供給源。
副菜：野菜、きのこ、いも、海藻などを使った料理で、ビタミン、
　　　ミネラル（無機質）、食物繊維を補う。
汁物：味噌汁、スープ、澄まし汁で変化をつける。
乳製品、果物、サラダ、デザートにもそれなりに変化をつける。

我が家の食事

我が家の味が大体決まってきたような気がしている。漬物、サラダ、味噌汁は毎朝作って、その度に色々の作り方をしたが、だんだんに家族の好み合う作り方に合わせるようになって、これが我が家の味かなと思うようになった。漬物は塩漬けとキムチ漬けを浅漬けで作っている。使う野菜は冬は蕪と白菜、夏は胡瓜と茄子、キャベツが多いようだ。サラダはレタスとキャベツの塩もみがコールスローとして軽い酢味が好みに合っているようだ。毎朝作るがトッピングはその都度変えるようにしている。味噌汁はワカメを使い、もうひとつ白菜、ほうれん草、大根などを付け足している。味噌は白味噌と赤味噌を交互に使っている。これが家族の好みに合っているようです。
我が家では、皆さんが一斉に揃うことはなかなか無いので順番に出す訳にはいかないのですが、基本は和風の5品になってい

ます。スープ、漬物又は付き出し、煮物、焼き物（又は炒め物、パスタ、サラダ……等々）、主菜（肉料理、魚料理、刺身、中華料理……等々）、デザート。飲み物は各自好きなもの、デザートは孫たちから要求があったら作ることにしています。煮物は時間がかかるので作り置くようにしています。スープは出汁があれば容易に作れますので、その都度作ります。手間が掛かるのは焼き物と主菜になります。焼き物は最近はセットすれば煙の出ない水オーブンを使って焼いています。このようなことをしていますので、料理のメニューも大分増えました。

高血圧を防ぐ食事（減塩）

食の味覚の中で、塩分は特にうま味を引き出す要素になっている。塩そのものを舐める人はいないだろうが隠し味としての塩分は欠かせない。漬物しかり、佃煮しかり、干物がしかりで美味さを醸し出しているし、保存食とするためにも重要な存在です。しかし、この塩分摂取が長い間の体内への吸収は血管の高血圧に影響を及ぼしているらしい。

まずは塩と体の話から始めよう。成人の60％は水分なので、その0.85％ほどが塩分でバランスがとれている。これはナトリウムとカリウムにより調節され浸透圧を一定に保っている。この数字をもとに計算すれば体内の塩分は体重が60kgの人では306gになる。これに対して、これを維持するために摂取する必要のある塩分（NaCl）は約3g/日とされている。一方で塩分をとり過ぎると血圧を上げることは多くの研究や統計から指摘されている。また高齢化に伴い、血圧は徐々に高くなるのですが、これが過剰な塩分摂取により助長される傾向があるようです。日本人の健康な成人の1日の摂取量は、厚生労働省の2015年の指導目標では男性8g未満、女性が7g、高血圧の治療を要する人は6gとしている。国連の世界保健機構（WHO）では5gとなっているが、日本人の従来の食習慣からして急に改善するには無理があるので、先の目標値にしているようだ。しかし、イギリスでは政府が主導して減塩に取り組んだ結果、過去8年間に9.6gから8.1gに改善されていおり、生活習慣病の医療費軽減、健康年齢の延長に役立っている。

これに対して同じく厚生労働省の発表では2013年における成人の1日当たりの平均塩分摂取量は男性で11.1g、女性で9.4gとなっており、男女ともに60代までは歳とともに摂取量が増加しているのは、歳を重ねるに連れて濃い味を求める傾向があり、70代になってやや減るのは健康への留意を意識した傾向がある。2003年以降の年代別平均値で見ると2003年に11.7gで有ったものが2013年には10.2gになっており、0.1〜0.2g/年と徐々にではあるが健康志向と共に食塩の摂取量は減っているが、何らかの政府による誘導がない限り上記の2015年指導目標は達成できない状況にあるようだ。塩分摂取量を超えたからといって直ぐに体調の変化がある訳でもないので敏感になれないようであり、市販されている加工食品や外食に含まれる塩分が減らないので、意識して食品を選択し減塩に取り組まなければならないことにも原因があるようだ。

塩辛、漬物、干物、ラーメンや蕎麦・饂飩の汁やスープに塩分が多いので残すようにし、味噌、醤油、ソース、ケチャップ、マヨネーズなどの調味料は使い過ぎないようにして、薄味に慣れるように料理を工夫する必要があるようです。

加工食品の塩分ですと塩鮭1切れ (80g) は約4.6g、焼きちくわ1本 (100g) は約2.4g、梅干し1個 (10g) は約2gなどが含まれているようです。外食での塩分については蕎麦・饂飩は約6g、即席ラーメンは約4〜6g、カツ丼は約4.5gなどとされているので調べてみると良い。加工食品、調味料には100g当たりの食塩相当量、100cc当たりの食塩相当量が表示されているので参考にすると良い。ナトリウム成分量で表示されている場合は2.54倍

すると食塩相当量に変換できる。

薄口醤油と減塩醤油

薄口醤油は色が薄く、より透明感があり見た目が綺麗な醤油で、味や香りがあっさりしていますが、塩分濃度は18〜19％であり、一般的な濃口醤油の16〜17％に比べ2〜3％高めです。色を薄くするために、作るときに濃度の高い食塩水を加えて発酵を抑え、色が濃くなるのと香りが強くなるのを抑えます。関西の饂飩や京料理に使われています。

減塩醤油は旨み成分は同等ですが塩分濃度が一般的な濃口醤油の約50％になっています。醸造は最初から濃度の低い食塩水を使うのではなく、濃口醤油から塩分を取り除きますので、工程が増える分だけ値段も高めになるようです。減塩の塩を使っている減塩醤油もあるようです。減塩の塩とは塩化ナトリウム（Nacl）の他に塩化カリウム（Kcl）を使って塩辛さを出しています。

酸味を使った料理

酸味を使って、献立に変化をつけると塩分を減らすことができます。レモン、すだち、かぼす、柚子などの柑橘類や酢を和え物や焼き物、唐揚げなどに使うと酸味、香り、色どりが楽しめます。

野菜サラダにはドレッシングを使うと、その塩分が気になります。そのような場合にはポン酢をドレッシングとして使うと良いようです。塩分が少なくなり、価格もずっと安くできます。

じじのアウトドア

ケチャップを使った料理

オムライスやオムレツ、ハンバーグのソースに使うケチャップは醬油、味噌、ドレッシングに比べて、はるかに塩分が少ない調味料です。ケチャップ味の炒め物、煮物ですと味付けに塩分は使いません。市販している一般的なケチャップは100g当たりの食塩相当量は3.1〜3.8gであり、メーカによれば、減塩ケチャップ、ヘルシーケチャップは約50％に減塩されています。マヨネーズは意外と塩分の少ない調味料で、100g当たりに換算すると食塩相当量は約2gになります。マヨネーズを使う場合は1食分とされる15gを減らして使うのも良いようですが、一方でカロリーオフのマヨネーズは普通のものより塩分が高いので注意しなければなりません。

滋養料理（免疫力を増す食事）

滋養料理には免疫力をアップする発酵食と体の中で作ることができないω-3脂肪酸を取得する料理があります。まだまだ多くのメニューが有ると思われるが、さらになる食健康科学を究めてから書くようにしたい。

発酵食
発酵食とは微生物の働きで作られる食品です。栄養価が高く、独特のうまみがあり、保存性にも優れている。体の免疫力が高ければ病気に罹りにくいといえるが、体内では活性化した免疫細胞と抗体等が協力し合って体内に侵入してくる異物を攻撃して体を病気から守ります。免疫細胞のほとんどは白血球にあるので、白血球が正常に働くようにしなければなりません。中でも白血球の35％を占めるリンパ球、その中でもヘルパーT細胞のバランスが重要なのだそうです。ヘルパーT細胞には1型（Th1、多すぎると自己免疫疾患などの罹る割合が多くなる）と2型（Th2、多すぎるとアレルギー反応が強くなる、発癌の危険も増える）があり、ふたつのバランスが保たれている時は身体が健康な状態なのだそうです。Th1とTh2のバランスを保つには腸内の環境を整えておくことが大事です。発酵食品は腸内の善玉菌を増やし環境を整える働きをしますので、適量の摂取が勧められています。食物繊維も腸内を活性化する成分です。便通を良くして腸がきれいになる働きをしてくれます。

参考：発酵食の微生物

麹　菌：煮たり、蒸したりした穀物に繁殖する糸状菌（カビ）。味噌、醤油、日本酒、焼酎などの醸造に関与している。澱粉をブドウ糖に、蛋白質をアミノ酸に分解して乳酸菌や酵母に必要な糖分、アミノ酸、ビタミン等を供給する。

酵母菌：糖をアルコールと炭酸ガスに分解するときの食品発酵に有用な微生物。アルコール発酵やパン発酵の主役。ブドウ糖を食べてアルコールを生成する。ビール酵母、ワイン酵母が知られているが、種類は豊富で、醤油や味噌の酵母は塩分が存在しても生育する耐塩性である。

納豆菌：稲藁に住む枯草菌の一種。蒸した大豆に、納豆菌を噴霧して発酵させたものが納豆。大豆の成分を分解し、アミノ酸やビタミン類を多く醸す。納豆菌が作るビタミンK2は、カルシウムを骨に吸着させる作用があると言われている。

乳酸菌：糖を分解して栄養分にして増殖しながら乳酸を作る細菌。乳の発酵が得意なグループ、植物類の発酵が得意なグループ、人や動物の腸内に生きているグループがある。チーズ、ヨーグルト、味噌、醤油、清酒、ワイン等の製造に関わる。

参考：発酵食品を使ったメニュー
納豆と乾燥芽カブの朝食

発酵食品を揃えた朝食は良く作ります。豆腐のネギ納豆かけ、

豆腐キムチあえ、豆腐と烏賊塩辛そえ、筍と乾燥芽カブの煮つけ、それと豆腐と乾燥ワカメの味噌汁。

塩麹を使った野菜煮込み

塩麹と昆布出汁のつゆで鶏肉と白菜、ネギ、椎茸、白菜、キャベツ、春菊、など野菜を入れて煮込みます。取り皿にはポン酢醤油に紅葉おろし、万能ねぎを入れ、煮えた具から食べるようにします。合わせる具材には豆腐、鶏ボール、豚肉、牛肉、魚介類など何でも合うようです。

赤ワインを使った鶏蒸

赤ワインは葡萄の皮の繊維質を含みますので白ワインに比べ少しの苦みが有りますが発酵食とすれば、ダントツで赤ワインです。

鶏肉は細かく棒状に切ってから蒸して脂質を少なくするとともに柔らかくします。その後赤ワインで揉みこみ、好みの調味料で味付けし、好みのスパイスで香りをつけます。出来上がった鶏肉（通常はバンバンジーと言います。）を好みの野菜、菜ばな、もやしなどと炒めます。ボリュームが有って、たっぷりの野菜があって、美味な一品に仕上がります。

乾燥芽カブを使った筍煮

筍は4月の旬のころになると食べたくなります。新春の香りがたまりません。鰹節だしだけで炊いても美味ですが、身欠け鰊などと炊き合わせるとさらに美味ですが、芽カブ、ワカメと煮つけても良いようです。芽カブの入手が難しい時は乾燥芽カブと炊き合わせても美味しいようです。旬の彩りとぬるぬる感がたまらない美味になります。

必須脂肪酸

脂質（最近は脂肪、油脂とは言わないようです。）は炭水化物とともに人のエネルギー源として欠かせない。脂質はグリセリンと脂肪酸からできており、その性質や栄養は脂肪酸の種類で決まります。脂肪酸は大きく飽和脂肪酸（動物性油脂に多く、融点が高い。）と不飽和脂肪酸（植物性油脂におおく、融点が低い。）が有ります。不飽和脂肪酸は1価不飽和脂肪酸（オリーブ油のオレイン酸、など）と多価不飽和脂肪酸（大豆油のリノール酸、など）がある。多価不飽和脂肪酸にはω-6系脂肪酸（肉の脂、植物油に含まれるリノール酸、アラキドン酸など）とω-3系不飽和脂肪酸（魚の油、植物油の一部に含まれるα-リノレン酸（ALA）、エイコサペンタエン酸（EPA）、ドコサヘキサエン酸（DHA）、など）であり、望ましい摂取比率（バランス）は1：1から1：4であると言われている。

ω-3系不飽和脂肪酸とω-6系不飽和脂肪酸は、体内で必要量作ることができないので、必須脂肪酸となっている。厚生労働省の定める摂取基準では1：4としていたが、2005年には新たに目安量と目標量を設定しています。ω-6系不飽和脂肪酸は目標量を総エネルギー摂取量の10%エネルギー未満とし、ω-3系不飽和脂肪酸は50～59歳の男性2.9 g／日以上、女性2.5g／日以上と若い人よりは幾分多めに摂取することを進めています。

ω-3系脂肪酸には赤血球細胞膜を柔軟化する効果があり、欠乏すると学習能、視力の低下をきたすと言われている。DHAは精液や脳、網膜のリン脂質に含まれる脂肪酸の主要な成分であり、血中の中性脂肪（トリグリセライド）量を減少させ、心

臓病の危険を低減させる。また不足すると脳内セロトニンの量が減少しアルツハイマー、鬱病などを引き起こすと言われている。
栄養学的に必須な ω-3 脂肪酸は ALA、EPA、DHA であり ALA は体内で自ら合成できないので食物から摂取しなければならない、人を含む多くの動物は a-リノレン酸（ALA）から EPA を作成し、EPA を経由して DHA を作成することができるが、変換される割合は 10～15％である。

魚油食品、ニシン、サバ、鮭、イワシ、鱈などの魚介類は EPA、DHA に富んでいる。これらには食物連鎖の過程で海産の微生物により生産された必須脂肪酸が含まれている。種油、アブラナ（キャノーラ）、大豆、エゴマ、アマ、アサには a-リノレン酸が豊富に含まれているものがある。
しかし、トランス脂肪酸の取り過ぎると LDL コレステロール（悪玉コレステロール）は心筋梗塞などの心臓疾患のリスクを高めると言われている。トランス脂肪酸は天然の植物油にはほとんど含まれず、水素を添加して硬化する製造過程で飽和脂肪酸（ステアリン酸など）にならなかった一部のシス型不飽和脂肪酸（オレイン酸など）のシス結合がトランス型に変化し（エライジン化と言う。）トランス脂肪酸（エライジン酸）になると言われている。それを原料とするマーガリン、ファットスプレッド（油脂の少ないマーガリン類）、ショートニング（ファーストフードなど揚げ物の食感改善、長持ちさせる）ものになどに多く含まれる。

じじのアウトドア

ヘルシー料理（健康食）

動物性食品を避け、穀物、豆類、種実類、野菜、果物を中心に摂る人のことを日本では菜食主義者と呼んでいる。卵や牛乳を摂取しない菜食主義であっても栄養が摂取でき、癌、糖尿病、肥満、高血圧、心臓病といった生活習慣病や認知症のリスクが減り、20年以上の菜食者は平均寿命が3.6年長いとの報告がある。一方で、血圧や肥満度指数（BMI）が低いが骨粗しょう症のリスクが高くなるとの報告がある。確かに過剰な肉食は、大量の動物性脂肪摂取を意味し、中性脂肪の増加や内臓脂肪・皮下脂肪が増加し、同時に必要以上のたんぱく質摂取につながり、体内で発生した過剰なアンモニア排出のために肝臓や腎臓に負担を強いることとあいまって生活習慣病のリスクがある。このように肥満の最大の原因は摂取カロリーであり、肉食を避けた菜食料理はカロリー、塩分が少ないとされている。

日本のベジタリアン

日本ではベジタリアンを菜食主義と呼ぶが、一方で精進料理は大乗仏教の影響もあり倫理的な戒律を守るという意味があるが菜食料理といえる。近年の日本ではベジタリアンを菜食だけ、または菜食に加えて本人の選択により卵と乳製品を摂るが、動物肉・魚介類は食べない人をいうようです。

肉食を否定する主張には2種類あり、過剰な肉の摂取を戒める主張と肉食そのものを否定する主張があるが、前者は健康のためであり、後者は不殺生戒の思想に基づいている。インドでは宗教で菜食を奨励しているが、肉食は避けるが乳製品はよいと

するヒンズー教、動物・植物の殺生だけでなく無生物の破壊を回避するように努めるジャイナ教がある。チベット仏教では肉食は禁じられていない。仏教では、自らの手で殺生することは禁じているが肉食を禁じているのではない。釈迦も肉を買いに行かせて食したとの記録もあり、肉食は不殺生戒を破ることにはならない。中国仏教では大乗の流れから、より厳格な菜食主義が主張されているようです。日本仏教では鎌倉仏教が厳格な菜食主義を放棄している一方で、精進料理の伝統も続けられている。ただし、僧の托鉢による受動的な肉食と、在家の購買による肉食は異なるとして、托鉢以外の場合は菜食を奨励しているようです。一般的に宗教において菜食主義の傾向が強いのは、肉体より精神を至高のものとする禁欲主義の影響が大きいと考えられます。

鎌倉時代以前の日本では仏教の僧侶は大乗仏教であるため肉食が認められなかったことから、しばしば近代以前の日本は菜食主義であったとみなされることがある。しかし、鎌倉仏教が肉食の厳格な禁止をやめたため、日本では、厳密な菜食はあくまで寺での修行においてのみ行われることとなるが、この環境で利用される精進料理は、大豆やその加工食品（豆腐やゆば）など、タンパク質豊富な豆類を積極的に取り入れるなどしており、また、他にも、野菜から木の実・キノコ類・山菜など、様々な食材を幅広く利用していたことから、経験的に栄養バランスをとろうと工夫した様子も窺える。

また皇室や貴族社会においても、仏教思想、稲作信仰、伝統的神道の穢れ的観点から、魚や鳥は食べても獣の肉を食べることはほとんどなかった。なお、僧侶の食生活においては、托鉢で

比較的栄養バランスのとれた料理を口にする機会が多かったり、あるいは、「四足の獣」を殺して食べることは戒めたが、足のない魚や、動物から省かれていた卵は食べられていた。僧侶以外では、家畜の食用はほとんど行われず、山間部を除くと獣類の食用は少なかったが、魚類と鳥類の肉は食べられていただけでなく、家禽やウサギ、一部の地域では鯨類が食用とされ、内陸の地方では昆虫食も珍しくなかった。また、禅やその影響を受けた茶道にて発達した懐石料理は、多少魚介類なども採り入れている。このため、日本の伝統的な食生活がいわゆるベジタリアンの食生活だったとするのは誤りとなるが、日本農業が牧畜や養豚を欠いており、家畜を食用とする習慣がなかったという特殊事情から、普段はベジタリアンに近い食生活を送っていたと推測される。その一方で、伝統的日本食はコメ・大豆・野菜を中心に魚類を配したものであり、宗教上のベジタリアンは存在したものの、欧米のように動物性タンパク質に偏った食生活への反省・反動から生じたベジタリアニズムを言い立てる必要が元からなかったと思われる。

我が家では、ベジタリアンの菜食5品を卵を使って作ってみましたが、基本は和風の5品になっています。スープ、漬物又は付き出し、煮物、豆腐の焼き物（又は炒め物）、パスタ、サラダ……等々及びデザート。料理のメニューはいろいろ工夫できますが、食卓の賑わいとしては今ひとつの感が致します。

参考：菜食メニュー
野菜の天麩羅
最近は野菜を使った天麩羅を良く作っています。朝採りの行者ニンニク、カタクリ、フキノトウ、コゴミは生のままでも食べられますが天麩羅にすると美味です。椎茸、人参、玉葱、じゃが芋、薩摩芋、アスパラガス、牛蒡などの市場で買える野菜も天麩羅に適するようです。これらの野菜を混菜にすればカキアゲになります。

山菜料理
雨が降った後で採取した山菜は良く育っており、コゴミ、行者ニンニク、カタクリ、フキノトウ、フキ、アサツキ、ツクシ、たらの芽、（こしあぶら、よぶすまそう）……と多種類を沢山収穫しました。山菜はビタミンCが豊富ですので紫外線対策に、また苦味野菜はポリフェノールを含み活性酸素を除去し老化防止に、アルカロイド類は新陳代謝を活発にして消化を促進する効果が有るそうです。コゴミ、行者ニンニク、カタクリ、フキノトウ、アサツキ、ツクシは茹でてからポン酢、酢味噌を付けていただくと美味でした。フキ、ツクシは白出汁（しろだし）で煮込んでみました。

精進料理

大豆やその加工食品（豆腐やゆば）など、タンパク質豊富な豆類を積極的に取り入れるなどしており、また、他にも、野菜から木の実・キノコ類・山菜など、様々な食材を幅広く利用していたことから、経験的に栄養バランスが工夫されています。

保存食

日本では伝統的に穀物や野菜、果物に魚介類が食べられており、これらの食材に関する保存食が生み出されてきました。穀物は成熟するにしたがって、水分が少なくなるので何の加工を施さなくても、常温で数年間保存することが可能となる。味噌や醤油などは保存の利く調味料として発達したものである。果物は収穫してそのまま食べる文化だったので、保存食として扱われていたのは干し柿くらいでした。野菜や魚介類は、各地でいろいろな保存食として作られているが、家庭で料理する保存食は美味しくなければならないし、容易に利用でき、ある程度の期間は保存が出来ればよいのだろう。

乾燥食品
乾燥して食品を保存する。なぜ乾燥することで保存できるのかというと、腐敗の原因には食材の中の水分量が関係しており、微生物が活発に動くことができる場所を「自由水」と言います。「自由水」とは食品との結びつきが非常に弱い水分子のことを指します。乾燥させることで自由水を減少させることができ、腐敗の原因となる菌の活動の場所を無くすことで食べ物を長く保存できるのです。
食材を乾燥させることは、手間をかけなくてもできます。昔から地域により多種多様の野菜や魚介類の乾燥食品があります。乾燥食品は料理する前に表面に付着したゴミ等を除去するために軽く水洗いしてから、水に浸けて戻してから使います。乾燥椎茸、切干大根、ヒジキなどの野菜・海草類は数倍に増量し、

料理する時間もはるかに短縮されます。スルメ、干し帆立、干し蛸等の魚介類は同じく水に浸して戻すのですが、重曹（水酸化ナトリウム）を少量いれると、水が干物の内部まで浸透し易くなりふっくらと仕上がるようです。

漬物

漬物はいつも用意しています。旬の野菜を浅漬けにしておくと、食卓が賑やかになり誠に結構です。夏場は大根、蕪、胡瓜が良く、冬場は白菜、キャベツ、蕪が良く時々彩り、薫り付けで玉葱、人参、柚子、檸檬等を少量加えて漬けこみます。

漬け方は塩漬けですが、糠漬けも良いようです。糠は水に解いたもの、または米のとぎ汁などを使うと簡単にできます。キムチ漬けにする場合は、野菜を樽に入れて少量のキムチの素をまぶして、全体に絡めるようにします。重しをして一晩冷蔵庫に入れておけば翌日には美味しく召し上がれます。キムチ漬けの場合は、好みですが、塩は振らなくても良いようです。

酢漬けにしても美味しい漬物ができるようです。酢だけですと味がとがってしまいますので旨みとして塩は少量使った方が良く、野菜から水分が出ますので酢は濃い方が良く、できればピクルス酢を使った方が良いようです。

家ナカ燻製

食事とは香りを命とする尊厳な儀式である。「燻製」はスモークチップを燻すだけで肉や魚を気高い芸術品にする人類が古くからあみだした偉大なる調理法です。人生の価値観を香りに託したレシピとは燻製ではないだろうか。

第Ⅱ章　食の楽しみ

燻製とは塩漬けにした肉類、魚類を煙でいぶし、乾燥させた保存食品である。煙には抗菌効果の他に独特の風味が有り、その味わいはバラエティに富んで深みがある。作り方は様々ですが、100℃程度で短時間で燻す「熱燻」、60〜90℃で数時間〜数日いぶす（温燻）、摂氏30℃ぐらいで1〜3週間いぶす「冷燻」があるが、家ナカ燻製には「熱燻」が適している。そうは言っても家の中でやるには、煙の発生を適度に抑え、食材からの脂肪の滴りを除去しやすくし、焼き焦げた木材のチップを清掃し易くする工夫が必要です。

簡単にできる「家ナカ燻製」は中華鍋、丸網、アルミ箔、鍋蓋とヒッコリとか桜、リンゴと言ったスモーク用チップを用意します。料理の手順は中華鍋にアルミ箔を敷き、その上にスモークチップを入れ、その上に丸網を入れ、上に食材を置きます。アルミ箔を敷くのは食材から脂肪分がたれ中華鍋の底が焦げ付くのを防ぐためです。丸網の上に食材を置くのは、燻された食材にスモークチップが付着するのを防ぐためです。鍋蓋で蓋をするのは煙を充満させ閉じ込めるためです。中火にかけ4〜5分するとチップから煙が出始めるので、そしたら弱火にしてチップが発火しないよう気をつけながら食材を燻します。この時、換気扇を回して忘れずに排気するようにします。

上級者のする「家ナカ燻製」には中華鍋でなく、土鍋を使います。2合炊きぐらいの大きさが使い易いようです。土鍋には中蓋がありますので煙の密閉がよく、弱火で燻す時にも保温効果が有り、温燻に適しています。アルミ箔の代わりに脂肪分の垂れに受け皿を使用します。熱の伝達も良く掃除も簡単にできるようになります。

じじのアウトドア

食材は肉類、魚類で少し脂肪分を除去したもの又は乾燥したものがようようです。サラミ、焼き鳥、たらこ、魚の干物などは最適です、鮭トバ、ちくわ、チーズ、ビーフジャーキー、茹で卵なども適しています。牛肉、豚肉、鳥もも肉などはいったん火を通し又は茹でて脂肪分を落として赤身の部分を使って燻製にすると美味になります。

第Ⅲ章　アウトドアの楽しみ

じじのアウトドア

テニスの楽しみ

テニスを始めたのは中学時代からですから、かれこれ50年なります。テニスを始めたきっかけは、当時は受験競争の時代で、越境入学していた私は近在の同輩からいじめの対象になっていたのを、担当の教師が見かねて仲間に参加すれば、いじめも減るだろうとテニス部に入ることを勧めてくれました。おかげで仲間からの援護もあるようになったので、いじめも減り、テニス仲間とも友好を保つことができるようになりました。それ以来、高校、大学、社会人となってもテニスを通じて、その都度新しい仲間と遭遇し、その都度仲間との語らいがあって生活を楽しむことができました。技術的には長年やっていても、それほどの進歩はありませんでしたが、定年後になって、多くの時間をテニスで楽しむようになり、新たなグループに参加できるようになったのは、ある程度の技術の習得があって、それを評価してもらったためと思っています。

テニスは高齢者にはかなりストレスの強い運動ですが、テクニックを学び、怪我をしないように気をつければ、仲間との交流があり、末永く楽しめるようです。長く続けるためには、その日の体調を良くチェックして、ストレッチを事前にして全力のプレイができるように心掛けています。それとプレイの楽しみは、やはり相手に勝つことですので、その日の技術向上の目標を考え巧みさを増すことを望み、それをマスターしようと努力するのも楽しみの一つになります。こんなことを考え、如何にしたらより楽しめるかを工夫しています。

第Ⅲ章　アウトドアの楽しみ

ある日のテニス

今日は6勝1敗1分、1負けはパートナーがミスばかり、1分けは決着セットのパートナーの凡ミスでこれも仕方ない。結局、ミスが少なかったので、カバー範囲が広くなり、じっと我慢が出来るようになったのが一つのブレークスルーだったような気がする。コントロールは攻め込まれると今一つだが、強気のレシーブが安定しておりキープ率が高かった。自分のサーブはそれなりに頑張ったが、パートナーのサーブではセカンドが弱いと前衛が攻められる。気がついていないのだろうが、このような状態でゲームをキープするには、コースを読み瞬間的な反射の動きが必要であり、ネットに近づいて待っていなければならないだろうが、更なる工夫が必要だ。リターンのショートボールにも手間取った。前に出て待っていれば拾えるが、逆にカバー範囲が狭くなるので下がっているからショートが取れない。こ

れについても更なる工夫が必要なようだ。攻めが先行するとゲームが作り易いのでキープ率が良いようだ。サーブを打ってリターンが返ってきたらアプローチを深く打ってから前に出るようにしている。サービスラッシュで前に出てもの良いのだが、今日のパートナーでは、むしろカバー範囲が狭くなってしまうので、戦略としては無理があるようだ。早めの決着を考えるのならロブ、サイド抜きを繰り返しながら、我慢強くゲームを作るのが良いと思われる。

最近のテニス

テニスは2つの法則に従うと言える。1つはルールであり、これを決めたのは人間であり、変えることは可能であっても、互いに守らなければならない。他の1つは自然の法則であり、これは変えることができないが、良く理解し利用することができる。これは体の筋肉の動きであり、ラケットの向きであり、フットワークであり、パートナーシップ等であるので守るべきである。

テニスを長く続けて楽しむためには、人間関係を上手にして多くの人と接しなければならない。またゲームを楽しむのだから、勝率は5割以上は達成したいものである。負けた試合であってもサービスはキープするなど、いわゆるゲームにならないと楽しめない。

1、**体力配分**：テニスを楽しむコツは体調の維持、特に4時間を途中に少しの休憩をとりながらのテニスは、それなりの間合いと緊張の維持ができていなければならない。むらのない緊張を維持したい。疲れてくると、意気地もなくなり、

プレイも雑になり、思ったように体が動いていないことを認識しなければならない。

2、**ダブルス**：次はパートナーへの配慮である。これができるようになると、悪くてもファイナルに持ちこめる。自分のリターンが次にどこに返ってくるのか予測ができれば、パートナーへの配慮になる。自分で決められれば良いが、無理である場合はパートナーへのリターンがどう来るかの配慮を予測することは必要なようだ。我慢しパートナーのプレイに怒らず、先行することにより斟酌し冷静であること。

3、**ミスを繰り返さない**：何時も反省し、ミスをした場合は原因を追及しておき再度のミスをしないように備える。先行しておけば、少しの余裕もでき、タイミングをみての練習もできる。まずはサービスをキープすることが必要だが、最近はパートナーが弱い場合はレシーブの方が、前に出られる分だけキープしやすいようだ。

4、**アプローチ**：相手の不得意なところを攻める。ダブルスですと弱い方を攻めることも含む。一般的に相手の足もとにリターンすれば、相手は打ちやすく、拾いやすいことになる。相手のいないところに返すには自分が打ちやすいフォームであり、角度をつけたリターンができることになる。同レベルであるならミスを待っていても駄目なので、アプローチを打ってから、得意のフォームに呼び込みコントロールし易くする。強打で勝てるのなら良いが、そうでないので理論的な工夫が必要なようだ。

5、**欠点を補う**：不得手な守りがあると、相手はそこを突いてくる。欠点を意識させず、攻めさせないがよいのである

が、そうは言っても難しい。太陽光の西日がきついと見えない。前に出すぎると上を越される。小さく前に落とすと、逆に小さく返される。これらは予測していても術中にはまり易いので気をつけたい。

6、**緊張感の維持**：何故ミスをするか、何故相手に打ちやすいチャンスボールを返球してしまうかを考えると自分の体調の良し悪しもあるだろうが、打つ時に考えていたのと違った筋肉の動きがあり、反射的に気を抜くからである。パターンを繰り返し練習することにより体に覚えさせることが重要ですが必ずしも緊張の維持に繋がらない。やはり次の動きを予測してメンタルに準備してしまい、打つ時はあまり考えないようにすればミスは少なくなるようです。

7、**攻めるテニス**：ダブルスのゲームはリズムを作ることが大事です。テニスはボールを打つ瞬間で、どのように変化するか予測できない面があり、必死になってボールを打つと思わぬ好球になって返ってきます。しかもそうしたプレイが連続して起こるとゲームの流れが変わってしまう。これはリードしているゲームで何回か経験している。これを思うにゲーム展開を、まずリードする方向に持って行く、それには、まず攻めることから始めなければならない。守りの返球、気の抜けた返球は有ってはならない。

スキーの楽しみ

私の学生時代ではスキーは人気の出て来た冬のスポーツでして、冬の最中になるとゲレンデにすごく並んでリフト待ちをしている若者の姿が報道されていたものです。当時はスキーは高根の花で、宿泊付き、道具が高い、リフト代が高いで、なかなか参加することができず、大学になってバイト代をようやく工面して数回参加したり、大学の体育の講座で単位になるからと参加させてもらった程度でした。社会人になってからは、冬場はあまり余裕なくスキーに行くことも無く過ごしましたが、定年後になってから楽しめるようになりました。スキー道具を修理するために、靴屋に持っていったら40年まえのスキー靴の修理はできないと断られ新調することにしました。スキー板はカービング、その後にロッカーと流行が変わっていたので、やはり新調しましたが、ストックだけは古くても使えました。そして何より変わっていたのは1人で参加できる日帰りスキーバスツアーが企画されていることでした。信濃、上越の近在でしたら、早朝出発のバスツアーがあり、野沢、蔵王などの遠方ですと夜行バスツアーがありました。リフト待ちも短時間になり、参加者も若者ばかりでなく高齢のスキーヤーも増えていました。すっかり楽しくなり、冬場の楽しみとして日帰りスキーでほとんどのゲレンデを訪れてシュプールを残してきました。定年当時はまだ元気でしたので、非常勤の仕事の合間に良く通ったものです。

じじのアウトドア

今年度のスキー

年末の志賀が3日、年始めの木島平3日、野沢4日、猪苗代3日、尾瀬岩鞍2日、ニセコ4日、安比4日、木曽福島が4日で3月までに合計27日滑ったことになる。4月はバックカントリー期待で神楽、八甲田、月山を予定している。今年は繰り返し、連続はやらないことにしている。何のためのスキーなのかもわからなくなる。木島平で2日間、午前、午後とレッスンを受けたが、それなりの成果があったような気がしている。スキーはエッジ、回転、体重移動が3要素なので、最近はそれに着目して滑っている。エッジは効かせた方が安定する、深く雪に食い込ませるように、成るべく立てるようなフォームを考えている、それと左右のバランスが華麗なフォームにつながるようなので、意識的に左足の蹴りを早めにしているので、いくらかバランスには効果があるようだ。早めのターンのための

エッジ操作は回転時の上下動が少なくなる効果があるようなので、今後も続けたい。回転の時の体重移動にも気をつけている。エッジを立てるには足先の操作だけでなく、体重移動を加えると効果的で、容易に連続ターンができるようになる。次回は小回りの連続ターンをもう少し練習してみよう。回転した時のスピードを落とすのに山側に踏み込むと効果があることも分かったので、エッジを少し山側にずらすことも考えてみたい。以前より安定度は増しているが、フォームが良くなっているかは、今一つのようなので足先に体重を乗せるように前傾姿勢にすると、しゃがまなくても体重移動ができ、姿勢も保たれるようなので、これも研究の余地があるようだ。

だいぶ技術的には改良されてきたので、そろそろフォームに気をつけた滑りにしてみたい。

こんなことを考えていたら、一緒に滑っていたらスキー連盟公認功労指導員兼公認名誉検定員の名刺を持っている方に、あなたの滑りはボーゲンだと言われ、深雪は滑れないと言われてしまった。確かにコブ滑りは好きでないし、深雪も滑りたくない。素直に受け取り、1級、2級レベルを目標にしてボーゲンでない小回りを優先して練習しようと思っている。素直に聞くことが精進かなとも思い、スキージャーナル誌を買って勉強するのも良いかもと思っている。

バックカントリースキー

雪山の山頂、又は山頂付近の前山まで歩いて登ることをいう。雪山の傾斜はきつく、登るにはかなりの汗をかくので、途中で上衣を脱ぐとか、汗ばんできたら下着の下に風を通すとかの工

夫が必要です。バックカントリー用のバックパックにはレスキューに必要なシャベル、ゾンデ棒（雪下捜査用棒）、ビーコン（無線標識）を入れておく。スキー板に装着して登るときに使用するシール（雪上歩行用テープ）は必須であるが、最近は別にスノーシューに履き替えるのも良いようだ。少しの下りがある登りですと、シールですとそのまま滑れて楽ですが、スノーシューは傾斜がきつくても登りやすいようです。さらに雪崩に巻き込まれた時に雪崩上部に体を浮かばせてくれるエアバッグも装備した方がよい。ストックも軽量で伸縮自在のものの方がリズムとバランスがとれた歩きができます。

バックカントリースキーの下りは誰も踏み荒らした跡のない新雪の雪面を滑る醍醐味は素晴らしく楽しい。スキーを下り斜面に向け、ある程度のスピードをつけてターンのために作り、刹那の無重力感を味わうのがたまらない。粉雪に柔らかく着地すると優しく受け入れてくれるのも溜まらない。

下りは登り以上に雪崩に遭いやすいし、スピードが出すぎると藪に突っ込みやすく、リスクが更にまします。まずはストックを使い、大きめに開きボーゲンでターンしながら下るのですが、連続ターンは極めて避けスピードは抑え気味にする。風向き、気流によっては視界が悪くなるが、そのような時には、更に慎重な下りが必要になります。場合によっては視界が悪くなってきたら登りの途中であっても下り始めた方が良いようです。とにかく雪山の天候は不順であることを心に留めておかねばなりません。

新しい仲間

この歳になって親しく付き合う新しい仲間ができそうだ。インターネットで募集されている5人相部屋の宿泊付き、リフト券付き、添乗員付きのスキーツアーに参加しているうちに、相部屋の方、相部屋ではないが仲が良くなった女性たちと、相部屋ですが面識のない方々と持ちよった酒を酌み交わしている内にすっかり打ち解けた仲間になりました。このまえスキー板販売促進の宣伝において、季節はずれの会合があり、スキー仲間有志から山仲間グループが突然できて、那須朝日岳に6人で登ってきました。参加者名簿ができているので、また行くことになるだろうが、多分紅葉の頃かな。なかなか付き合い易い仲間になりそうだし、スキー場でも良い仲間になれるだろう。定年後にあってもネットワーク社会に居座っていれば、元気でいれば、付き合いを増やすことができる。昔のような親戚付き合いでなく、遊び仲間であって、自立した個人同士の付き合いであってよいと思っています。

じじのアウトドア

パラグライダー

パラグライダーを始めたきっかけは、定年退職して転職後1年が過ぎた2006年4月になり、仕事にも慣れたし、年度末の山場も超えたので、生活を変えたいと思いました。そこでやったことのない世界でありチャレンジングなこと、体を動かすスポーツであること、好奇心を持てることで選んだのがパラグライダーでした。伊豆半島の山伏峠を選んだのは、通い易いこと、フィールドとして比較的組み易いことなどでしたが、フライト確率などと言うことは考えたこともなく、ひたすら講習生として指導されるために練習に通った次第です。
事前にパラグライダーによるフライトとはどんなものかについてはインターネットなどで、いろいろ調べたつもりでしたが学生のスポーツとは違い費用が掛かること、そう簡単に上達できるものでない、かなり危険性が高いことは推し測ることが出来ませんでした。この安易感がその後の苦戦に繋がったのかも知れません。

スクールを卒業しフリーフライヤーになってからはパラグライダーの練習に行く時はその都度、練習目的を決めて行くのですが、中々それが達成できません。今回はランディングの安定と、弱い風でのソアリングでしたが成果はいまひとつでした。風と霧と暑さに左右され、なかなか上達しません。上手で腕のいい人もいるので、個人としての研鑽と向上が望まれる訳ですが、なかなか上達しません。いま少し上手な人の飛び方を盗み見て研究の余地があるように思っています。但し、パラグライ

ダーについては自己流はありえずコーチによる指導を受け、フライト時間を増やして経験を積むことが上達への早道のようです。今のところ、いつもいい思いが出来ず、いつも疲れて切って帰ってきます。

最近のパラグライダー

最近パラグライダーはご無沙汰気味である。体が要求しないこともだが、何かまとまった時間がとれない。車で行くことにしてから頻度が減っているようだ。パラグライダー（キャノピー）も3代目になり新しくなっているので、もう少し楽しめても良いはずだ。冬場になり低山へのハイキングを週1日にしているが、これは、その週に体を動かせなかった場合の緊急避難であって、出来れば週3日の登山旅行かパラグライダー旅行は継続したいと思っている。読みたい読書もできるし、体を動かすし、ダイエットにもなるので効果的である。計画的行動したいが、最近は家事が気になり、ついつい出そびれるケースが

多いようだ。

ソアリング

少しソアリングに自信が出来たこともあり、かねてからの計画通り、他のフィールドへの遠征、競技会への参加を始めましたが、これが失敗、自らの未熟なことを知らされる羽目になりました。今一の勉強で風の変化とその予兆を感じ取る訓練が必要なようです。

・まずはトップアウト狙いで高度を確保する。その場合にはブローが発生しやすいので安定した風であり自分の実力に見合っているかを見極める。急には上達しないので徐徐に訓練で経験をつむことが必要。

・シンクに気をつける。リッジで飛んでいても、ダミーの後を追って飛んでいてもシンクは一様ではない、いつ発生しているかは見えないので高度には常に余裕を持っての移動を考えること。

・強いサーマルはピッチが大きく変わりやすい。それでも常に一定の最適なピッチに安定させるように細心の注意を払う。そうすれば潰れることはない。

・ウェイトシフト、体重移動の時は、足を開かない方が安定する。反対側のブレークコードを若干引いてキャノピーを安定させ、バンクは少なくソアリングできればその方が良い。

・飛ぶ方向の周りを良く見て、風の方向、強さを読み取り、さらにサーマルを見つけるためのキーワード、泡、樹木、シンクの後にサーマル、スピードが増したらサーマル、トリガー

安全な滑空比とアクセル

パラグライダーは危険を伴うスポーツである。その危険を回避し、安全にランディングするにはインストラクターの指示で覚えるか、痛い目に遭って体で覚えるかであるが、何が危険なのかがインストラクターの指示では理解できず、結局体験してみて初めてその理屈が分かることの繰り返しをしてきたような気がする。素質のある人は、最初から理論で身につくようだが自分は3年もかけてもまだまだ一人立ちは出来ない状況であることは嘆かわしい。向かい風の中を飛行する場合、その風が強くなるにともない。それに応じたスピードを出す事により、最良の滑空比を得る事が出来る。機体のスピードセッティングがニュートラル（バンザイ）で無風時の最良滑空比にセッティングされている機体（スタンダード）では、向かい風の強さに応じてアクセレーター（アクセル）を踏んだ方が有利になる。これからクロスカントリー競技に参加するには必要な技術であるが、まだまだマスターしていない。現段階では強風の時に怖くなってアクセルを踏む程度では駄目で積極的に使いこなさないと進歩しないようだ。

アクセルを使いこなし、強風時のソアリングのマスターについては、もう少し時間と経験が必要のようです。

安全なテイクオフとランディングのマージン

パラグライダーは安全に飛ぶための予測が必要です。それがマージンであり、我慢であり、選択です。

1．安全なランディング

・ランディングでは突入高度は少し高めで的確に測らねばな

りません。突入高度は180度旋回をし、丁度良い高度になったら機首を出来るだけ正確にアゲンストの方向でランディングのセンターに向け、ランディングを開始するようにします。いつも一発勝負ではなく、マージンがある方法にします。そしてアゲンストの方向に向けて高度が落ち始めたら更にスピードが落ちるまで我慢、我慢であまりブレークコードの操作はしない方が良い。ランディングしたら着地のスピードを抑えるために駆け抜けるようにすると良い。

2. 我慢、我慢

- 風の良くなるまで待ちます。だめでも次の機会が来るまで待ちます。実力にあった風を待ちます。技術が上の者の飛び方を見て勉強するのは良いが、自分がすぐ同じことを出来ると思わないこと。飛ぶ方向の回り、景観を良く見て、風の方向、強さを読み取り、さらにサーマルを見つけるためのキーワード、泡、樹木、シンクの後にサーマル。

3. 好きな風を選ぶ

- サーマルはピッチが大きく変わりやすい。そこに固執せず、上昇が少なくなったら、他のサーマルを探しに風上に移動する、リッジを探しに移動する、小さなサーマルを丁寧に探し当てるといった見極めが長く飛ぶコツのようです。更にシンクを見つけたら早めに脱出し高度を維持するように工夫する。高度は地形で測って、撤退は早めにする。
- 高度のマージンは余裕を持って、ランディングまで引き返せる高さを、テイクオフする前にイメージトレーニングで認識しておく。どこまでなら、自分の実力に見合って、引

き返せるかの判断のポイントを早めに取得する。
4．安全なテイクオフ
- テイクオフではまず頭上安定させ、それから前方へキャノピーを引っ張るように駆け出してテクオフする。出来れば浮いた状態でも駆け出しの状況は残し、腰掛けるのは遅めにして、離陸時の風の変化に備えられるようにした方が良いようです。早めに腰掛けてしまう飛び乗りは、安全では有りません。またテイクオフは一回で決めたいものです。パラグライダーのテイクオフはフィールドにもよりますが、狭くて下が切り立った山際になっていたり、林になっていたりするケースが多いので、一回失敗するとトラウマになり次も失敗してしまうケースが多いようです。

じじのアウトドア

登山

登山は社会人に成りたての頃に、富士山の吉田口から登り8合目で高山病になりダウンし、翌日に何とか登ったことに始まり、なかなか手ごわいが、費用があまりかからないので続けています。結婚してから、妻が山登りを一緒にするようになり、1991年から96年にかけて、積極的に100名山に登り、日本の北は利尻島から南の屋久島まで行って100名山を完登しました。100山目は北アルプスの笠岳でした。妻も喜んでくれて、一緒に登ろうということで、妻の登っていない山については、10数山を登りなおして一緒の100名山達成でした。その後は、前に登った山でいい思いの残ったコースとか、縦走でつながっていないコースとかを選んで山登りを楽しんでいます。最近は仲間をお誘いして登ったりしています。

登山は「いい想い」をしたいと始めたような気がします。いい想いとは自分なりに考えたのは、

1、目的があること（goal）
2、新鮮を求めていること（challenge）
3、楽しいこと（success）

第Ⅲ章　アウトドアの楽しみ

山道を歩きながら考えたいい想いとは、この三拍子が揃って成り立つことで、楽しいことの要素には継続することも含まれ、経験と努力の積み重ねがなければならないが、だからと言って過去の想いにしがみついていてはいけない。これからの人生は自分に合ったいい想いを探し求めながらの登山になるだろう。そして、何といっても健康でなければ、何も楽しくは無い。そんなことから山行きも無理をしない。腹八分目の満足があれば良いと決めている。

遭難記事
夏山で遭難したら何を書かれるだろうと考えることがあります。遭難すると所轄の警察から広報されますので、記事にするかどうかは新聞社の判断ですが、些細な場合は遭難件数にはカウントされても報道されない場合が有るようです。

1. **遭難の経緯**：コースのスケジュール、コースの難易度、登山パーティの構成、登山者氏名、天候、遭難場所、登山準備の状況、山岳保険に加入していたか、etc
2. **遭難の原因**：体調不良はなかったか、身体に不具合はなかったか、年齢、登山経験、登山計画書は提出しているか、またどこに提出したか、遭難した位置（GPSを持っていれば位置を連絡、無ければ地図を参照して詳しく報告）、遭難者の体重、遭難した難度、怪我の状況、etc
3. **救助の状況**：救助隊の体制、初動時間、救助態勢、救助状況、遭難状況、救助完了時間、遭難者の身体状況、入院診断、遭難者の安否
4. **再発防止**：救助への感謝状、遭難救助費用の支払い（地元警察が3人でパーティを組んで遭難救助をしてくれるようですが、おぶって下山出来れば良いのですが、救難ヘリが必要な時、民間の救助隊に応援を求める場合は、保険に入っていれば救済されますが、それを超えた場合などには多額の費用が発生します。）、個人として充分に反省しているか、etc

遭難とは、登山に行って、身体の故障、体調不良、疲れ等の個人的原因で歩行が困難になった場合を言うようです。パーティを組んでいる登山者が動けなくなったなら、本人の荷物を肩代わりして持つことまでは可能であっても、岩場であって、急勾配の登り下りのある登山道を50kg以上ある仲間を背負って下りる体力は有りません。動けなくなる理由は多々あるかと思いますが、疲労、寝不足、急な病気、急な天候不順、いずれであっても、それは遭難となります。遭難者が出た場合は救助を

依頼しなければなりませんが、その際は携帯電話が便りです。長時間関の連絡になりますので蓄電時間には気をつけましょう。スマホの場合は通話出来る時間が少ないようですので、山小屋で必ず充電しましょう。また、パーティで登山する場合は、参加者全員の身体状況に配慮しましょう。一人でも動けなくなると、それが遭難です。

熱中症

7月31日北アルプス白馬岳、白馬鑓温泉からの下りで、小日向のコルを過ぎた、猿倉への下りで妻が動けなくなった。呼吸が激しくなり、顔面も白くなり、発汗も激しく歩行困難で、仰向けに寝そべってしまった。3000 mの山に登って3日目、疲れがでてきていることは分かるが、動こうとする気が無くなったようだ。時間も15時を過ぎていたので娘とも相談して遭難救助を依頼した。

猿倉山荘に依頼したら、大町警察を紹介され、遭難救助を依頼しました。代表電話すると遭難救助隊に転送され、遭難者名、遭難状況、場所を連絡し歩行が困難ですと救助をお願いした。依頼してからパトカーで大町から急行してもらい17時頃には救助隊(大町警察の若手の警官3名)が到着し、妻をおぶってもらい、山道を降りることができました。

コースは初日が猿倉荘に前泊し、7月29日に白馬岳の大雪渓をアイゼンを付けて登りました。朝食5:30、出発6:30で宿舎の村営山頂宿舎に16時ごろに着きました。妻は途中、パトロール隊のお世話になりながらも18時に遅れて到着しました。初日から12時間も歩いていたことになります。通常は

半分の6時間くらいのコースです。翌日は朝に白馬岳の登頂に行きましたが、妻は無理しても後の行程が有りますので、白馬山荘でコーヒーを飲んで待ってもらいました。ここを8時頃に出発し、白馬鑓温泉の尾根での分岐から下り始めたのが13時頃、しかし鎖場、梯子があり、困難な道があったこともあり、ようやくの思いで宿に着いたのが18時。先行した子供たちは16時頃にはついていたようです。ここでは夕食のあとで温泉に浸ることができ、少しは疲れを癒すことができたようです。7月31日の最終日には鑓温泉から猿倉への下りですが、地図で見ると4時間ほどのコースでしたので、昼食の弁当は頼まず、遅くとも午前中には猿倉に戻れる予定でした。

昨日の到着が一番遅かったこともあり、朝食6時、出発7時でした。ロングコースの下りではありましたが、心配するような危険なコースではないので楽観していました。しかし妻は歩き始めから発汗が激しく、喉が渇くのか水を良く飲み、歩みも遅い状況でした。1/2ぐらいまで荷物は外しましたがようやくの想いで、登り下りのある山道を辿り、小日向のコルを過ぎ、残り1/3で約1kmぐらいの地点で、ますます歩みが遅くなり、発汗、排尿も数度になり、ついに仰向けになり動けなくなり、水を顔にかけ気を持たせるのですが、動く気配が無くなりました。意識ははっきりしていて、気力は残っていたのですが、体が動かない、筋力が無くなった状態で、とても背負って降りられ状況でないので、ついに救助依頼をしました。

救助隊が到着してから1時間ほどで、猿倉に背負って貰って下ることができ、私は妻の荷物も含めて2つ背負っていたこともあり、救助隊の後を追うも、追いつけず、それでも19時頃の

暗くなる直前には猿倉荘に戻ることができました。猿倉荘前には救急車が待っており、大町病院に搬送されました。身内の者が添乗しないといけないので娘に頼み、私は車で子供達を連れて大町病院まで追いかけました。追いかけると言っても救急車を追いかけることは禁止ですので、大町病院に着いたのは21時頃、すぐ妻を引き取れるかと思いきや、血液検査の状況が悪く、点滴が必要のため、緊急入院となりました。

診断では熱中症でした。CPK（クレアチニンキナーゼ＝クレアチニンホスホキナーゼ）が3桁ほど上昇しており安静にして、点滴治療を受けました。昔の用語で日射病、熱射病を総称して熱中症と言うようです。熱中症になると顔は青白く大量の汗をかき、皮膚は冷たくじっとりした感じになります。体温は普通かやや低めで脈は弱くて早く、虚脱感と目まい、吐き気をともないます。まったくこの通りの症状でした。登山の疲れと発汗で体温があがったのが原因と思われます。幸いにも、他に外傷もありませんでしたので、点滴の効果もあり、食欲ももどり、翌日8月1日には退院できました。

救助隊は公務員でしたので、費用は発生しませんでしたが、事後の原因報告と、強制ではないが令状を書くように求められました。

山での遭難は、大変気使いも多く、関係者への連絡も含めて大変疲れました。でも遭難救助が順調にゆき有り難かったことと、妻も登山の恐ろしさと、事前の体の保全が如何に必要かと理解してくれたと思います。

じじのアウトドア

至福の楽しみについて書いておきたい

先日奥高尾山の陣馬山から藤野へ下った。この高度差約 600m の下りは楽しかった。これが至福の楽しみかと思った。ゆっくりの下りなので体が動いてくれて体への負担が少ない。BGM が聞けていた。見下ろす景観には桜が所々に咲いていた。そしてさほど遠くない目的地が後どれだけ歩けば明るいうちに到着するかが見えていた。何といっても半ズボンとシャツ 1 枚の軽装だが少し汗ばむ、などいろいろ条件があったようだ。このような至福の歩きができるところをもっと探したいと思っている。また別の至福も見つけてみたいものです。

第Ⅲ章　アウトドアの楽しみ

ダイビング

ダイビングは前からやってみたいと思っていました。社会人になりたての頃シュノーケリングを数年やりましたが、器具をつけてのスキューバは退職して、転職して、それから思い立って始めた次第です。でもいろいろのことにチャレンジできて良かったと思っています。

ショップは中野新橋のネオダイビング、6/14にプール実習、6/21海洋実習（江の浦）、7/15第2回海洋実習（獅子浜）でめでたくCライセンス（OWDダイバー）を取得できました。その後月平均2回のファンダイビング・リクエストツアーに参加し、リラックスした海中遊泳を楽しむ事が出来ました。12月になって寒くなってきたのでドライスーツSPも取得し、これまた違った世界があるなと思い楽しめました。本年はこれで25本もぐりスペシャルSPにもなりました。平日だけのツアー参加でしたが落ちついたダイビングが楽しめて良かったと思っています。途中7月頃にインストラクターが水中カメラを貸してくれたのにはまり、早速小型カメラと水中カメラケースを購入し、水中撮影を始めました。また趣味が増えました。

スキューバダイビングは初めて見る海の景観が面白く、地上では味わえない何か違った生活があるような気がしています。慣れるに従い耳抜きも上手になり、中性浮力も取れるようになりましたが、エアーの消費が多く50分のダイビングが少しきついようですので、この改善が技術的課題のようです。また魚の名前はなかなか覚えられませんが、覚えてダイビングの目標にした方が楽しめそうなので、これらも次の課題のようです。ダ

じじのアウトドア

イビングはあまり天候に左右されず、もぐってしまえば海中は穏やかで、色々な海の生き物をすごく間近で見ることができ、海の透明感も良く、水中からみる綺麗な空を仰いだりでリラックスできます。これからも楽しめればと思っています。

宮古島

夏の休暇をとって宮古島までダイビングに行ってきました。前回は5月の連休に行き、妻がOWDのライセンスを取得しましたが、今回はやはり目標を作った方が良かろうと思い、アドベンチャーコースを受講して貰いました。選択したコースはdeep、boat、fishと基本的なダイビング技術の取得でしたので、妻はよりダイビングが楽しめるようになったようです。ボートで4本潜りましたが、なかなか素晴らしい地形と景観で、色とりどりの珍しい魚にも遭遇でき、楽しんできました。 今回は3泊4日のスケジュールで行きましたので、第1日の到着した

日は来間島ビーチで感覚を戻すための1本、第2日は伊良部島沖のポイントのダブルアーチでboatとdeepで2本、第3日はfishにつきあい、その後はファンダイビングでボートで潜りました。丁度台風の通過した後で天候にも恵まれ幸いでした。
見た魚は、ハタタテダイ・タテジマキンチャクダイ・ハマクマノミ・カクレクマノミ・ヘラヤガラ・ハコフグ・ミスジリュウキュウスズメダイetc……

第Ⅳ章　心の世界

じじのアウトドア

生きづらさと修行

修行(しゅぎょう)は仏教における精神鍛錬に関する用語ですが、財産、名誉、性欲といった人間的欲望（相対的幸福）から解放され、生きていること自体に満足感を得られる状態（絶対的幸福）を追求することをいう。本質的に仏の悟りを求めて実践することをいい、修行により怒り、怨み、妬み、憎悪といった否定的な感情をなくさなければならない。

人は救われたいという思いから宗教を求める。しかし教えや救いは宗教により大きく異なる。仏教、イスラム教、キリスト教を世界三大宗教というが、いずれも現世を苦難に満ちた世界ととらえ、そこから人々を救済する、いわゆる救済宗教であることは共通する。キリスト教とイスラム教は、神の守護を求めて人間に唯一絶対神への帰依を勧めて、信仰を求め戒律も厳しいものがある。その結果に死後の世界では絶対神の最後の審判を受け楽園（天国）か地獄に転生するとされている。仏教は多神教であり、人が悟りを開き（解脱）、仏になることを（成仏）を勧める。六道輪廻があり、それを解脱したところに浄土があり、そのために人間には修行することが求められている。

人間は生きている限り、生きづらさを感じている。社会を形成して生きているので、周囲に対してこうあってほしい、こうあるべきだと考えることが苦を呼び起こす執着の原因となる。このような執着を断ち切り心安らかに生きるためには、執着を捨てるための訓練、即ち修行が必要になります。まずは自分が何に執着しているのか、なんでイライラしているのかを日常の生活を一挙手一投足まで細やかに意識して観察すれば生命の臨場

感を感じとれて満足感が得られ、それが「安楽」になるかもしれません。仏教の瞑想法は体に意識を集中することで頭脳と体を同期させる訓練ですが、他の手段としては読経、写経、座禅、彫仏、滝行、巡礼・遍路、山行などがあります。いずれであっても己の身体に意識を集中し、社会の煩悩を断ち切り安楽を求めることが修行になります。別の観点からすると苦のある人生を避けて、時間の過ぎるのを己の身体に意識を集中する安楽は、修行とはいうが自分だけで何もしないで過ごす方法の訓練とも取れる気がしている。では経済的にはどうするのか、托鉢による信者からの帰依・寄付に頼っている。代償とし帰依あるいは知識を公然と供与することにより成り立っている取引とも考えられるが、現世では成り立たないビジネスモデルとも言える。しかしこれにより個人の修行が可能になり、あるいは解脱が叶って僧侶となっていたのなら、時代がそうさせていたと解釈するべきだろう。

現代の仏教では、僧侶になるためには勉学的資格として各宗派が運営する仏教系大学を卒業するのと、体で修行する修行道場へ入門するのと両方あります。大学の単位の中に、修行道場の初期に教わる部分があり、修行期間が短くなるということもあるようですが、各宗派の修行では、保証人である師僧、教授僧のところへ預かってもらいます。この修行というのは年限がある訳ではなく、生活して行くためには、一般的には入寺するのですが、なかなか難関のようです。

気丹超力

気功の本は、何を言いたいのか全然分からず、事実なのか、精

神修養の話なのか、繰り返しが多く読もうとしても理解ができなかった。古希がちかくなり、速読をするようになって、ようやく読むことができるようになった。

世の中は陰陽五行、相反するものがあり、天命に従い繰り返されるのが人間の生活である。心と身のバランスを保ち、体を鍛え、ストレスを感じない生活を送ること。ストレスは生体内に起こる生理的・心理的な歪みであるので、自然との調和・バランスを保つことにより解決できる。

・身体を鍛えるには呼吸法が良い、丹田に力がこもるようにすると良い。
・ストレスをなくすにはバランス感覚を高めると良い。
　他人を恨んではいけない。
　常に反省を怠らない。
　「もう」と「まだ」の気持ちを切り替える―歳を感じない、感じさせない。
　常に目標を確認する。
　人助けをする。

高齢化社会と仏教

高度高齢化の時代になり、老いや死の問題は身近になってきている。2025年頃には一年間の出生者が75万人に対して死亡者が150万人になるだろうと予想されており、50年後には、このまま政策として手を打たなければ日本の人口は2/3に減って8000万人ぐらいになるだろうと言われている。そうした環境では死んでゆく人が増えるのだから宗教がより重要視される時代になるだろう。

前近代の地域社会ではお寺のお坊さんが一番の知識人であり、村人に生きる知恵を授け、死の不安を取り除いてくれる存在だった。しかし戦後の急成長の社会環境では人が生きる支えとなり、社会の安定や秩序の拠り所となったのは企業であり、地域コミュニティが崩壊し都市化が進行して会社という共同体が宗教が担う役割を果たしてきたと言える。ところが最近のグローバリゼーションの進展は終身雇用制の崩壊や派遣社員などの多様な社会をもたらし、再び心の拠り所となる宗教が注目を集めるには必然性がある。しかし心の救済の場としてお寺を活用している人はどのくらいいるだろうか。これまでの仏教の教えや活動状況では現代人を救済できないと考えるにも必然性がある。

宗教年鑑で見ると仏教には13宗56派があり、それぞれに開祖、中興の祖、本尊、教えと救い、経典が違うが、その時代の世相を反映して誕生してきている。13宗のうち、法相宗、華厳宗、律宗は奈良仏教に属していて、552年の仏教伝来以来、国家が取り入れた学問宗教で有名寺院は多いが、檀家はいない。（例えば東大寺は華厳宗であり、本尊はルビシャナ仏、経典は華厳経、開祖は良弁となっている。）平安時代になると個人の救済が意識され国家仏教から救済仏教に転換がもたらされる。天台宗、真言宗がこの時代の開祖である。（例えば、真言宗は本山が金剛峰寺、本尊は大日如来ほか、経典は大日経・金剛頂経、開祖は空海となっている。）苦渋と困難に満ちた鎌倉時代になると多くの宗教の天才を輩出し本格的な救済仏教が始まった。融通念佛宗、浄土宗、浄土真宗、臨済宗、曹洞宗、日蓮宗、時

宗教がこの時代の開祖になる。(例えば、日蓮宗は信者数が約390万と一番多く、本山が久遠寺、本尊は釈迦ム尼仏・大曼荼羅、経典は法華経、開祖は日蓮)江戸時代に請来された黄檗宗を含めて13宗は、今日に続いており、世界思想にも通じるとされている。

近代に至り、明治5年になって、政府の「政教一致」、「寺院民営化」、「脱亜入欧」の立場から、布告により、僧侶の妻帯、肉食等を公的に許可した。この結果、僧職者に対する他律的縛りはなくなり、形骸化した儀式を執り行う職業となっている。一方で、最近人気になっている四国八十八霊場巡礼等は別の意味で個人礼拝のうねりとなっている。

寺院と在家仏教

寺院の経営は観光、祈祷、霊園に大別できる。有名観光地に有るお寺は賽銭（寄付）、祈祷で採算が成り立つようですが、観光地でもなく、祈祷もできず、霊園も檀家が少ない場合は、寺離れが進む現代では経営的に苦しくなっている。

江戸時代においては、国に法律である僧尼令や江戸幕府の寺院法度により僧侶の妻帯・肉食等が禁止されていた。維新までは寺院は役所でもあったので、国や為政者から助成を受けて運営されており、僧侶は出家修行者として具足戒（戒律）を授けられて生活するが、労働、納税、兵役を免除されていた。それが明治５年公布の「僧侶肉食妻帯蓄髪等差許ノ事」により、寺院への助成が無くなり民営化されたので、妻帯し、あるいは兼業して自活運営することになった。僧侶たちは出家をしていては生活できないし、もともと日蓮宗では僧尼令のような他律を無視する宗派もあったことから、僧侶の規律は在家信徒と事実上等しいものになった。「出家」に対する言葉は「在家」ですが、出家者は教えを説き、在家者は教えを聴くとされるが、「在家仏教」は家庭と職業を持ちながら仏教を学び実践しているとされる。

仏教寺院や現代社会の僧の役割を在家仏教では以下のように考えている。

①檀信徒のために

人生相談により死に対する不安や恐怖をやわらげる。音楽や芸能イベントにより人々が触れ合える機会を設ける。

②僧侶として

葬儀、法事を執り行う。
③寺院として
どのようにしたら参拝者が集まるか考える。どのようにしたらイベントや悩み相談の場を提供できるか考える。

三省堂国語辞典では在家仏教を引いてみると、「出家して僧になることなく、俗人の立場で進行する仏教。また、俗人の信仰の意義を評価する仏教。」となっている。

一般的な「在家仏教」の解釈としては、安易な生活への現実肯定を許さず、仏による（他者による）救済を俟つ信仰を受け容れない。出家者を容れぬ信念でありながら、後世の観年的解釈でない、本来の仏陀の教えに従い日常生活を送ることです。前提として僧侶がいなくても、日常生活における人間相互の開かれた意思の疎通と相互理解を確立し、現代人の疎外状況を解消するとしている。

出家と僧侶

出家とは師僧から正しく戒律を授かって世俗を離れ、家庭生活を捨てて仏門に入ることをいう。落飾とも言い、対義語は還俗になる。在家とも対比される。

インドでは、紀元前5世紀頃、バラモン教の伝統的権威を認めない紗門(しゃもん)と呼ばれる修行者が現れ、解脱(げだつ)への道を求めて禅定や苦行などの修行にいそしんだ。有力な紗門の下には多くの弟子が集まり、出家集団を形成した。釈迦も紗門の一人であった。
仏教は在家と出家に大別できる。

・在家者は、三宝に帰依する「三帰依戒」と「五戒」が授けられる。

・出家者は、見習僧の段階では「三帰依戒」と「十戒」を授かり、20才になると「具足戒」を授けられ、僧伽（サンガ、僧団）の一員として出家修行者になる。「具足戒」の条項は数が多く具体的で、「四分律」では250〜350戒に及んでいる。釈迦を師として出家修行を行うことは、この戒を守って修業を維持することになる。得度とは、日本の古代、律令制度下において、剃髪して僧侶になることであったが、労働、納税、兵役が免除されたことから希望者が続出して、やがて官により制限される。しかし得度者には兵役免除の特権があったので、官の許可なく僧となる農民等が出現し、私度僧と呼ばれ律令で禁止された。しかし私度僧であっても僧侶としての活動・修業がなされている場合は寛容に見られ、得度が許され積極的に律令制度に組み込まれこともあった。空海や最澄の弟子であった円澄がこれに当たる。

日本では奈良時代に律宗の鑑真が「四分律」を伝え、具足戒に則った伝統的な僧伽・出家の制度が確立した。しかし、中国から天台宗を伝えた最澄は、具足戒を小乗の戒めとして軽視し、独自の大乗戒壇を比叡山に創設した。真言宗を始めた空海、天台宗から派生した日蓮宗なども在家仏教に属することになる。現代の日本では、釈尊の教えや仏教の戒律から逸脱した葬式仏教になっている。個人の信仰によらない、職業としての僧侶が定着している。仏教では本来、出家者は在家者を導き、在家者は出家者を経済的に資助するものとされ、出家者の精神的優位が説かれたが、紀元前1世紀に始まった大乗仏教においては、菩薩による衆生済度(しゅじょうさいど)の観点から、在家の意味も認められた。

じじのアウトドア

座禅と偶像崇拝

禅宗は僧侶の瞑想を基本にした修業であり、戒律も厳しいものがある。紀元500年ごろ中国に達磨という仏僧が現れ、古代インドの瞑想法を積極的に取り入れて禅宗を開きました。この瞑想法は座禅と呼ばれるようになり、この禅宗を日本に伝えたのが栄西と道元です。栄西は中国に渡って臨済宗を持ち帰りました。この宗派は座禅をしながら禅問答（公案）によって悟りを開こうとします。公案は仏師が弟子に先人の残した質問を出して、弟子は瞑想しながらその答えを考えるというものです。臨済宗は厳しい戒律を求めるため、武士の死生観に符合し、鎌倉幕府の保護を受けて発展しました。

道元は公案を批判し、黙って座禅をすることを説きました。座禅をする姿そのものが仏の姿であり、ただひたすら座禅をする事こそが悟りの道に通じると説きました。一般的に修業とは何かを獲得するため手段と考えます。しかし道元は読経や念仏を無益なことと否定し、人から教えられて悟るのではなく、普段の生活が修業であり、その中で真理に生き、真理に行ずるうちに、あらゆる思い計らいを超えた自由自在な心境に至ることができる、これ即ち仏の境地であると説いています。何かを深く会得するには、我を忘れて没頭することが必要であり、悟るのを目的として座禅するのでなく、座禅する姿がそのまま仏であると説いています。道元の教えは曹洞宗と呼ばれ、現代でも座禅は多くの人々によって行われています。

如来と経典

釈迦の没後、信者たちは、仏塔、法輪、仏足石などを崇拝していました。その後500年もたってから釈迦の姿をモデルにした釈迦如来像が誕生しました。如来とは「現世の人々を救うために、如の世界よりきたりし者」とされました。釈迦の没後、小乗仏教が主体となっていて、修行の目的は、自分も釈迦のような阿羅漢になれればいいであって、人々の救済の意識はありませんでした。それに対し、在家信者たちは「釈迦の教えを信じる人はすべて救済」をする大乗仏教を目指しました。釈迦如来を超越的存在にすることにより、人が修業しても到達できるはるかにかけ離れた存在とすることにより、釈迦の前では誰もが平等として、釈迦の教えに従って生きることが救済につながるとして、それを具現したのが釈迦如来像ということになります。仏教は発展・拡大の過程で古代インドの神々を釈迦の教えに帰依したという形で取り込み、仏教の守護と人々への福徳を与えるとされました。密教は五世紀から七世紀にかけて、大乗仏教にヒンドゥー教を始めとするさまざまな民衆宗教の神々を融合させた仏教でした。大日如来を宇宙創造の主と位置付け、呪術的で神秘的な儀式が多いのが特徴になります。さらに密教では「明王」を始めとするバラモン教の神々を取り入れ、羅漢、高僧の仏像も作られ、伝搬した国々の神々と融合した仏像も多く造られました。一人も残さず救ってもらいたいとの思いが千手観音を生み、あらゆる病気から逃れたいとの願いが薬師如来を生み、死後は苦しみたくないとの切望が阿弥陀如来を生みました。大乗仏教では多種多様な願望に応えるために、仏像も多種多様になったようです。以下に代表的な仏さまを示します。

- 如来─悟りを開き、真理を体現した仏さま。釈迦如来、阿弥陀如来、薬師如来など
- 菩薩─悟りを求め、人々に救済をもたらす仏さま。観音菩薩、弥勒菩薩、千手観音など
- 明王─怒りの形相で人々を導く、密教の仏さま。不動明王、五大明王、孔雀明王など
- 天部─仏さまを護る古代インドの神々で、現世利益をもたらす。梵天、帝釈天、四天王など
- 羅漢・高僧・神像─最高位の僧や宗派の開祖、仏教の影響を受けた神。十大弟子、僧形八幡など

お経には何が書かれているかといえば、お釈迦様の説法が書かれています。経典が造られたのは釈迦の死後200年を経ってからですが、それまでは記憶暗誦により伝えられ、紀元前後にはほぼ現在に伝わる原型ができました。その数は三千ほどあり、膨大ですので、その中でどれを至高とするかの判断の違いから宗派に分かれたとされています。膨大なお教のなかで最も有名なのが「般若心経」でしょう。

「南無」は梵語のnamasからきていて、深く信心しますの意味になります。

浄土宗、浄土真宗では──南無阿弥陀仏
日蓮宗では──────────南無妙法蓮華経
真言宗では──────────南無大師偏照金剛
観音信仰では─────────南無観世音菩薩
お地蔵さんでは────────南無地蔵菩薩

第Ⅳ章　心の世界

観音菩薩と遍路

観音菩薩は仏教の菩薩の一尊であり、北伝仏教、特に日本、中国で古代より広く信仰を集めている。観世音菩薩、観自在菩薩、救世菩薩など多数の呼び名が有り一般的には「観音さま」と呼ばれる。その起原は中国への仏教伝来より古いものとされ、「観音経」などに基づき広く信仰、礼拝の対象になっている。「般若心経」の冒頭に登場する菩薩でもあり、日本で一番信仰を集めている仏です。観音が世を救済するのに、広く衆生の機根（性格や仏の教えを聴ける器）応じて、種々の形体を現じるとされており、法華経には33の姿に変身すると説かれている。このため、観音像には基本となる聖観音（しょうかんのん）の他、密教の教義により造られた、十一面観音、千手観音、など種々の形の像がある。阿弥陀如来の脇侍としての観音とされている場合もあるが、独尊として信仰される観音菩薩は現世利益的な信仰が強い。そのため、あらゆる人を救い、人々のあらゆる願いをかなえるという観点から、多面多質な超人間的な姿で現されることが多い。

観音信仰には難しい教義は無く、極めて現世利益的であり、法華経観世音菩薩普門品によれば観世音菩薩の名を呼べば33の姿に変えてあらゆる災難を取り除いてくれるとされる。このため広く大衆に浸透し、貴賓から庶民まで篤い信仰をあつめた。観音菩薩の造像の広がりはインド古来の独尊以降は中国の唐前期の浄土信仰と連動して阿弥陀如来の脇侍としての構成になるが、後半期には密教の流入があり、再度独尊で造像され、変化観音となって残っている。

1997年現在国宝重要文化指定189尊のうち飛鳥時代35尊、平安時代110尊、鎌倉時代13尊と平安時代を境に変化観音の造像に変わっている。県別に見ると滋賀県36尊、奈良県27尊、東京都は国立博物館所蔵を中心に27尊、京都府10尊となっている。観音霊場は本尊巡礼といい、西国三三所（近畿）、坂東三三所、秩父三四所、などが有る。当初の霊場は修験者の調伏息災を祈願するためであったが浄土信仰の衆生への高まりと共に往生を願う霊場に変化した。日本における三大信仰に観音・地蔵・不動信仰があるが四国三三所を初めとする観音信仰は公家文化を源流として、東国の武家文化には不動信仰が根付いた。観音霊場の他に「祖師巡礼」があり四国八八所（真言宗）、法然上人二五霊場、洛内二一本山（日連携）がある。観音霊場の本尊の多くは六観音で占められており、それぞれの観音には担当の救済業務がある。多くは以下とされるが宗派により異なる場合もある。

・聖観音菩薩（地獄道）
・千手観音菩薩（餓鬼道）
・馬頭観音菩薩（畜生道）
・十一面観音菩薩（修羅道）
・准てい観音菩薩（人間界）
・如意輪観音菩薩（天上界）

四国霊場八八所と札所めぐり

四国霊場は様々な霊地より成り立っていて、自然崇拝、道教の影響を受けた土俗的信仰、仏教伝来以降の各種信仰が多様に絡んでいる。その中でも顕著なものは弘法大師の記憶力を増大さ

せるための密教の修業で、虚空蔵求聞特法を習得すために虚空蔵菩薩の真言（呪文）を百万回唱えれば、あらゆる経典を暗記して理解することができるとされ、当時山岳修行者の間で流行していた。神仏習合の時代であったので八八ヶ所の霊場が真言宗だけでなく、天台宗、臨済宗等のお寺もあり、神社もいくつか含まれている。しかし霊場には必ず大師堂があり、巡礼者は大師堂の巡拝を欠かさず、霊場の遍照一尊化がなされている。遍照一尊化の時期については室町時代にその傾向が伺われるが、それより早く平安末期における大師信仰の一般化、それに緒緒の回国、巡礼の発展に伴い、大師を追慕する四国巡礼が始まったとされる。では何時八八霊場になったかというと室町時代の文明3年（1471）に記録があるとされるが、元禄3年（1690）に真念により刊行された「四国遍礼功徳記」に、さだかでない、とあるように文明以前であるかとはされるが資料不足のため明確ではないようです。

平成になって人気になっている札所めぐりとは、もともと観音を祀る霊場をめぐる巡礼であり、霊場のご本尊との結縁を願って自分の住所氏名を書いた木札を拝観した寺の天井や柱に打ち付けました。このため霊場を札所と呼び、巡礼のことを札所めぐりといったようです。これら札所めぐりは江戸時代になって世の中が安定すると、庶民に普及し広まっていった。しかし純粋な信仰心というより、札所寺院の他に名所や旧跡を訪れ、土地の名物を食するなど行楽的なものであったようです。
・四国八八所霊場―――お遍路の原点ともいわれ、「おもてなし」が楽しみとされ、地域に根づいている。

- 北海道一三仏霊場——大正2年に北海道開拓の成功と心の支えとなるように創設された。
- 秩父三四所観音霊場札所——室町時代にはすでにあったとされるが、鎌倉幕府が開かれると、鎌倉街道を経由して西国や坂東の観音霊場の様子が伝えられ、秩父でも巡拝を望む者がいたが、それは難事なので、秩父の中に修験者らが土地の人と結んで祀ったささやかな観音堂を巡拝したのが固定され、やがて三三ヶ所になりました。16世紀になり「百観音信仰」の風潮が起こり、西国・坂東に次いで歴史が浅く、増設の条件にも恵まれた地秩父に34番霊場が実現したようです。

金比羅山参り

金比羅宮(ことひらぐう)は香川県象頭山中腹に鎮座する神道の神社出あって、宗教法人金刀比羅山本教の本部、全国の金刀比羅神社・琴平神

社・金毘羅神社の総本部になっている。明治維新で神仏分離がなされる前は真言宗の象頭山松尾寺金光院であり、神仏習合で象頭山金毘羅大権現と呼ばれた。海上交通の守り神として中世から信仰されている。江戸時代には全国で金毘羅参りが盛んに行われ、伊勢神宮のお蔭参りに次ぐ人気がありました。

参道の石段は奥社までの登ると1368段有りますが、本宮までであっても785段（以前は786段有ったようですが、この数が「なやむ」になるので、1段減らしたのだそうです。）有りました。本宮には神馬が飼われており、神事には真っ先に参加するそうです。海の守り神なので、堀江健一さんが太平洋一人横断に浸かったソーラーボートが奉納されて展示されていました。歴代の奉納金も莫大らしく、大きな石に一本と表示と奉納者の名前が刻まれた物が、ずらりと並んでいましたが、一本とは一千万の奉納の意味のようです。森の石松の金比羅参りは有名ですが、このとき奉納された刀は宝物殿に収納されているようですが、これは見物しませんでした。石松も785段の石段をのぼったかと思うと何か懐かしい気がしましたが、実は途中の旭社を本堂と誤り、ここへの参拝だけで帰ったと伝えられている。

じじのアウトドア

神道と社格制度

「神道(しんとう)」とは万物に霊魂が宿っているというアニミズム(精霊崇拝)や自然信仰から発展したと推測される日本の民族的・伝統的な宗教です。神道はその歴史的な起源から特定の教義や聖典、唯一神を持たない信仰の自由度の高い多神教の宗教であり、山や川、森、岩、野生動物、気象(自然災害)など自然の万物に宿る『八百万の神々(やおよろずのかみがみ)』を崇拝するものです。近代日本の国家神道の神殿である靖国神社に『戦死した祖霊』が神として祀られているように、死んだ祖先や人間(英雄)が神々になるという思想も神道には含まれています。自然界の森羅万象や祖霊、死者、皇祖(天皇家の祖神)への畏敬の念が神道の信仰基盤となっている。神道は地縁・血縁などで結ばれた部族・村落の共同体を守護する目的で信仰される民俗宗教としての特色が強く、国内では約1億600万人(日本人のほぼ全て)の支持者・参拝者がいると宗教年鑑(文化庁)には記載されており、宗教法人として登録されている神社の数は約8万5千にも上るとされています。

・神社神道——神社施設を信仰の拠点として、その神社(地域)を支える氏子(うじこ)・崇敬者などが信仰組織を形成して祭祀儀礼を行っている一般的な神道の形態。

・皇室神道——皇居内にある宮中三殿を信仰の拠点として、皇室の繁栄・存続と人々の安寧、五穀豊穣などを祈願している神道の形態。

・教派神道——教祖・開祖の宗教的な神秘体験や教義的な世界観にもとづく宗教としての神道。

・古神道―――山や川、森、岩、気象(自然災害)など自然界の森羅万象に霊性・神格を認める日本で古代から信仰され続けてきた民間神道の形態。原始神道・縄文神道と呼ばれることもある。
・新師僧系――大本・生長の家・白光真宏会・世界真光文明教団・崇教真光・ス光光波世界神団・神道天行居などの比較的歴史が浅く、特定の教祖や教義に基づいて布教されている神道の形態。

明治維新直後より律令神祇官の家柄による近世までの制度が廃止され神社行政機関が設置された。また古代からの「神仏習合」を解消する神仏分離が行われ、明治4年に封建的な土地支配制度を廃止する社寺領の上地が実施されたのち、全国の神社が「国家の宗祀」と定められ、神社に関するあらゆることが、国家の法制度により規定されたてきた。伊勢神宮を除く全国の神社は官社と諸社に大別され、官社は官幣・国幣の各々を大中小社、諸社は府・藩・県・郷の各社に分離された。社格を有しない神社は無各社とされた。官国幣社は、神社祭祀令により、大祭、中祭、小祭が規定された。国家の祭祀にふさわしくない神社は淘汰され、明治31年(1898年)に20万社あったが大正5年(1916年)には12万社になった。1945年にGHQは国家管理下にあった神社を「国家神道」と呼び、廃止を命令した。同じく宗教法人令に基づき、他の宗教団体と同様の宗教法人となった。民間のいくつかの神社団体は発展的に解消して神社本庁となった。神社本庁は約8万の神社から組織される包括宗教法人となっている。神社本庁の目的は、神社の管理、指導、神

社神道の宣揚、神社祭祀の執行、信者（氏子）の育成、本宗である伊勢神宮の奉賛、神職の養成、広報活動としている。

神社で祭祀されている神

神道に属する神々を祭神としている社が神社ですが、日本にある全国の神社の大部分は「神社本庁」という宗教法人が組織的に統括する形式になっている。現在の神社神道の神体は『社(やしろ)』であり、自然の森や山、岩、滝などの『神奈備(かんなび)』は公式には拠り代としての性格を失っているとされますが、現在でも歴史の古い神社では、社の拝殿・本殿が存在せず、自然の神奈備そのものを賽神として祀っている神社も残っています。神代（上代）の神社は神奈備（神籬・磐座）を御神体として社殿がなかったと推測されていますが、現在の建築物としての社殿を伴う『神社』は、自然由来の神々を祭祀する時に御神体から移して祀られた祭殿が起源であり、これが信仰の拠点の建物として常設化したと考えられています。

神社で祭祀されている祭神(さいしん)は大きく分類すると、『自然事象に由来する自然神』『神話伝説に由来する伝記神』『人間に類似した身体や性格を持つ人格神（人間神）』に分けることができます。古来からの修験道の山岳信仰では『山』そのものが神とされますがこれも自然神の一種であり、自然神には『自然事象そのもの・気象神・動植物神・地形や地名の神』などがいます。『太陽・月・星・火・雷・風・霧』などの自然の事物・事象、『蛇・大木・龍・狼・牛・狐・熊』などの動植物、『山・川・海・滝・谷・岩・石』などの地形や地名が、自然神として神道の崇拝対象になってきたのです。

第Ⅳ章　心の世界

記紀（古事記・日本書紀）の日本神話に登場する伝記神・霊能神には、皇祖神とされる天照大御神（アマテラスオオミカミ）や出雲大社に祀られる大国主命（オオクニヌシノミコト）、天皇の祖先であるニニギノミコトなどがいて、伊勢神宮・外宮の豊受大御神も天照大御神の食事を司る食物神として知られています。人格神（人間神）には、『皇祖・皇族神・祖先神・英雄神（功労者神）・学術神・御霊神』などがいて、東京の明治神宮（めいじじんぐう）には明治天皇と昭憲皇后が祭神として祀られており、靖国神社（やすくにじんじゃ）には大東亜戦争（アジア太平洋戦争）における日本軍の戦死者が英霊として祀られています。祖先神には同じ地域に住んでいる人々や一族が祀っている氏神（うじがみ）、産まれた土地を安らかに守ってくれている産土神（うぶすながみ）がいて、戦争や政治、学問において大きな功労のあった人物も『英雄神・功労者神』として祀られることがあります。平安時代に宇多天皇に重用され『寛平の治』を支えた学者で、醍醐天皇に右大臣に任命された菅原道真（すがわらのみちざね）も『学問の神（近代以降は受験の神）』として福岡県の太宰府天満宮に祀られています。

原則として全ての神社を「…神社」と称するようになったのは近代になってからである。〜明神、〜権現などと神名を社号としたところや〜稲荷、〜八幡と神社の部分が省略されていたり、〜社としていたところなどがあったが全て「…神社」と称することになり、権現号は廃止されている。

各地の神社に祀られている神さまは、地域の守り神として篤く崇敬されている。

神明——伊勢神宮で祀られている天照大御神を祀る。他に大神宮、伊勢神社、天祖千神社で祀る。

稲荷——稲の生成化育する神さま、農業の神であり、産業・商

　　　　　業を守護する。
八幡——応神天皇、神功皇后を始めとする神を祀る。源氏の篤
　　　　　く信仰し、武家の守護神とされる。
天神——菅原道真を祀る、学問の神様。

第Ⅳ章　心の世界

祈りとは

祈るとは、神仏にお願い事や感謝の言葉を述べることをいう。語源は、「神聖な言葉を発する」という意味の「ノル（宣る、告る）」に、「神聖なもの」という意味の「イ」を付けた言葉だといわれている。「願う」が神仏のご機嫌をとったり、金銭を与えたりしながら希望の実現を望むのに対して、「祈る」は呪文や念仏などを用いたより本格的、マニュアル的な神仏へのアプローチだといえる。そのため、「願う」は人間相手に直接希望を伝える場合もあるのに対して、「祈る」は人間に何かしてほしいと望む場合であって、希望を伝える相手はあくまで神仏である。したがって、「祈る」は「願う」より、より本格的な神様の説得方法であるにも関わらず、「叶う」可能性は低い行為だといえる。

「念仏」と「呪文」は違うという。念仏でよく知られているのは浄土宗の「南無阿弥陀仏」─阿弥陀仏に帰命したてまつる─は真実に目覚め生きることのできる感謝の言葉として知られている。呪文は、何か起こった時や、何かせねばならない時に呟いたら不思議とうまくいった時の何かしらの力を持つ伝承的な言葉とされる。してみると、日本では祝詞、念仏、言霊は呪文とされていいだろう、一神教であるキリスト教の礼拝での「天にまします我らの神よ、み名の尊まれんことを。……」の数行の呪文で最後に「アーメン！（そのとおり！）」と唱えるのは「主の祈り」として統一されている。同じく一神教のイスラム教では「アッラーのほかに神はなく、ムハマッドはアッラーの使徒である。」という言葉を心から唱える。神への感謝の言葉と1

日5回の礼拝は統一されている。

自然崇拝の日本の神道では、禊の呪文がある。「高天原に神留ます……。身禊祓い給う時に……畏み畏み白す。」は禊祓詞または天津祝詞とも呼ばれるが、この祝詞を奏上することにより、祓い清まれとするのは言霊である。自然に八百万の神を見、祭祀によって神と人間を取り結ぼうとしているのは神道では祈りとされている。一方の仏教では宗派により念仏が異なる。そもそもが多神教であり、どの仏を信じるかにより帰依する仏が異なり、念仏も違っている。親鸞の浄土真宗では「南無阿弥陀仏」と唱え、阿弥陀仏の本願を信じ自己をゆだねれば救われると説く。日蓮の日蓮宗では法華経こそが真理であり、「南無妙法蓮華経」と題目を唱えることで救われると説く。

いずれであっても神、仏に祈ることは、他力本願であるようだ。神や仏の存在を信じ、教えに帰依して戒律を守って生活し、信心の証として神や仏の名を唱えれば救われる。救われ方は色々あるが、必ず何時かは救われるから信じ続けなさい、決して疑ってはならない。このような考え方は、どのような宗教であっても共通であり、覚めた目で見ると日常で悩むことが軽減され、自然の驚異が改善され、科学的な判断が先行する現代の生活様式に照らし合わせると矛盾があるような気がしてならない。

仏教とイスラム教

これは東大寺別当森本公誠師の教えです。

q1 仏教の神とは

a1 仏教の始祖シャカムニにはそのようなことに関心がなく、むしろ人間とはなにか、人生とは何か、人生おける苦悩と

は何か、を深く考え自省され、みずからが得た宗教体験をもとに、心からの脱却、その拠るべき方法を説かれた。
———布教の考えがないのに、信者に何を求めるのか？
q2 何故形あるものを拝むのか
a2 我々は何も形そのものを拝んでいるわけではない。形の背後にある大なるものを拝んでいるのだ。仏教でも最初はブッダを彫像にすることはなかったが、数百年も経つと、北インド一帯に異民族が次々と侵入し、その支配に人々は塗炭の苦しみを味わった。そうした人々の心を救おうと、当時西方から伝わったギリシャ・ローマの文化を利用して仏像が生まれた。イスラムではコーランの言葉による救いがあるように、仏教では形を手段にして人々の苦悩を救おうとしたのだ。
———拝めば何故、信者は救われるのか？

終わりに

これからの人生の計画を立てようと思い立ち、己を良く分析しながら何をしたいかを思ってみました。これからも前に進む人生で有りがたいと思っています。
・人に干渉するのは良くないだろう。
・人の庇護を受けるのは良くないだろう。
・人を見下げるのは良くないだろう。

ここら辺を目処に考えてみれば、健康であること、意識ある生活であること、質素であることが基本かな。まあ、何といっても人生を楽しむことかな、自分の人生なのだから。

じじのアウトドア

2015年8月18日発行

著　者　跡部正明
制　作　風詠社
発行所　ブックウェイ
　　　　〒670-0933　姫路市平野町62
　　　　TEL.079 (222) 5372　FAX.079 (223) 3523
　　　　http://bookway.jp
印刷所　小野高速印刷株式会社
　　　　©Masaaki Atobe 2015, Printed in Japan
　　　　ISBN978-4-86584-049-0

乱丁本・落丁本は送料小社負担でお取り換えいたします。
本書のコピー、スキャン、デジタル化等の無断複製は著作権法上での例外を除き禁じられています。本書を代行業者等の第三者に依頼してスキャンやデジタル化することは、たとえ個人や家庭内の利用でも一切認められておりません。